中田美喜子
記谷　康之
共　著

# 情報の基礎
## 第5版

学術図書出版社

# はじめに

　情報リテラシのテキストとしてワープロソフト・スプレッドシート（表計算）およびプレゼンテーションソフトの利用方法をまとめました。また、電子メールの設定やインターネットの利用などについても記載しましたが、利用形態によって異なりますので自分の大学や自宅などの利用方法を確認してから設定を行ってください。電子メールについては Web メールの Gmail を採用しておりますが、メーラ（電子メールソフト）によって設定の画面が異なりますので、それぞれ利用するメーラの利用方法を参照してください。ユーザ ID やサーバ名なども自分の利用する環境を確認して書き込んでください。さらに電子メール送付のネチケットも書いておきましたので、正しいメールの書き方を習得してください。

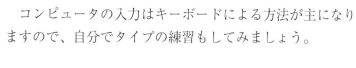

　コンピュータの入力はキーボードによる方法が主になりますので、自分でタイプの練習もしてみましょう。

　本書は OS やアプリケーションソフトに依存しない形式でも利用していただけるように書いたつもりです。環境によっては操作方法が違ってきますが基本は同じですので参考にしてください。

　では、コンピュータを文房具として利用できるようにがんばってください。

作：水神吹雪

制作者一同
（nakata@gaines.hju.ac.jp）

　この本は『情報の基礎　第 4 版』を元に加筆・訂正した。

# 目　　次

## 1.　Windowsの基本　　　　　　　　　　　　　　　　　　　　1

1-1　マウスによる操作　　　　　　　　　　　　1
1-2　ウィンドウを操作してみよう　　　　　　　3
1-3　日本語入力の基本　　　　　　　　　　　　6
1-4　ペイントの説明　　　　　　　　　　　　　8
1-5　練習問題　　　　　　　　　　　　　　　　10

## 2.　ワープロの基本　　　　　　　　　　　　　　　　　　　11

2-1　ワープロの基本　　　　　　　　　　　　　11
2-2　コマンドの実行　　　　　　　　　　　　　14
2-3　文書（ファイル）を開く　　　　　　　　　14
2-4　基本操作　　　　　　　　　　　　　　　　16
2-5　作業の保存、終了と文書の新規作成　　　　21
2-6　練習問題　レポート作成　　　　　　　　　25

## 3.　ワープロの実践　　　　　　　　　　　　　　　　　　　27

3-1　書式―文字　　　　　　　　　　　　　　　27
3-2　書式―網掛け　　　　　　　　　　　　　　30
3-3　図形描写　　　　　　　　　　　　　　　　32
3-4　挿入―図　　　　　　　　　　　　　　　　36
3-5　ワードアート　　　　　　　　　　　　　　38
3-6　完成　　　　　　　　　　　　　　　　　　39
3-7　練習問題　　　　　　　　　　　　　　　　40

## 4.　表計算の基礎　　　　　　　　　　　　　　　　　　　　43

4-1　Excelの画面要素（Excel2016）　　　　　　43
4-2　数字・文字の入力　　　　　　　　　　　　44
4-3　計算式の入力　　　　　　　　　　　　　　46

## 5.　表計算の実践　　　　　　　　　　　　　　　　　　　　47

基本編　　　　　　　　　　　　　　　　　　　47
5-1　数式　　　　　　　　　　　　　　　　　　47
5-2　オートサム　　　　　　　　　　　　　　　50
5-3　セルの幅と高さの変更　　　　　　　　　　51

　　5-4　列・行の挿入　　　　　　　　　　　　　　　52

　　5-5　関数1　平均(AVERAGE)　　　　　　　54

　　5-6　相対参照と絶対参照　　　　　　　　　　56

　　5-7　書式セル1　(数値)　　　　　　　　　　58

　　5-8　書式セル2(文字、配置)　　　　　　　　60

　　5-9　罫線　　　　　　　　　　　　　　　　　63

　　5-10　Excel練習問題1　　　　　　　　　　　65

　　応用編　　　　　　　　　　　　　　　　　　66

　　5-11　表作成の復習　　　　　　　　　　　　66

　　5-12　関数3　最大値(MAX)と最小値(MIN)　68

　　5-13　関数4　切り捨て(ROUNDDOWN)　　71

　　5-14　関数5　順位付け(RANK)　　　　　　73

　　5-15　関数6　判定(ＩＦ)その1　　　　　　75

　　5-16　関数7　判定(ＩＦ)その2　　　　　　77

　　5-17　並べ替え　　　　　　　　　　　　　　81

# 6. グラフ編　　　　　　　　　　　　　　83

　　6-1　グラフ作成　　　　　　　　　　　　　83

　　6-2　グラフの移動とサイズ変更　　　　　　84

　　6-3　グラフの編集　　　　　　　　　　　　85

　　6-4　Excel練習問題2　　　　　　　　　　　88

　　6-5　Excel練習問題3　　　　　　　　　　　89

　　6-6　Excel練習問題1の解答例　　　　　　　90

　　6-7　Excel練習問題2の解答例　　　　　　　91

　　6-8　Excel練習問題3の解答例　　　　　　　93

# 7. プレゼンテーションソフトの基本と実践　　94

　　7-1　画面要素　　　　　　　　　　　　　　94

　　7-2　入力　　　　　　　　　　　　　　　　95

　　7-3　実践の基本操作　　　　　　　　　　　98

# 8. インターネット　　　　　　　　　　　102

　　8-1　インターネットの概要　　　　　　　　102

　　8-2　インターネットの利用　　　　　　　　104

　　8-3　WWWブラウザ　　　　　　　　　　　105

　　8-4　検索サイト　　　　　　　　　　　　　107

## 9. 大学における電子メールの使い方　　　109

9-1 Gmailの利用方法　　　109

9-2 メール作成の注意　　　119

9-3 電子メールの常識　　　121

## 10. Googleアプリの利用について　　　109

10-1 Google Classroomについて　　　109

## 11. 練習問題　　　133

11-1 日本語入力練習　　　133

11-2 検定関連練習問題　　　135

11-3 レポート作成練習問題　　　139

11-4 ローマ字入力変換表　　　149

## 11. 参考文献　　　151

# 1. Windows の基本

## 1-1 マウスによる操作

Windows の操作は，ほとんどマウスで行われます。また、マウスとキーボードを組み合わせて使用することにより、効率的な指定ができます。

1）マウスポインタについて

マウス本体の動きと連動して移動するマークです。この、マウスポインタは利用できる機能により様々な形に変化します。

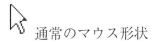 通常のマウス形状

⟷ ウィンドウの横サイズを変更する場合のマウスの形状

↕ ウィンドウの縦サイズを変更する場合のマウスの形状

↙↘ ウィンドウ全体のサイズを変更する場合のマウスの形状

☝ 主にヘルプ画面で項目を選択する場面のマウスの形状

2）マウスの基本操作について

マウスの基本操作は、次の3種類があります。

■ クリック

マウスのボタン（通常は左ボタン）
を素早く1回押して離します。

■ ダブルクリック

マウスのボタンを続けて
2回素早くクリックします。

■ ドラッグ

マウスのボタンを押したまま、
マウスを移動します。

3）メニューの選択とコマンドの選択について
アプリケーションウィンドウの上部のメニューバーにメニューが表示され、そのメニューの中に、Windows のコマンドが含まれています。

① 描画ボタン

②リボン

③ 描画領域

④ ドロップダウンメニュー

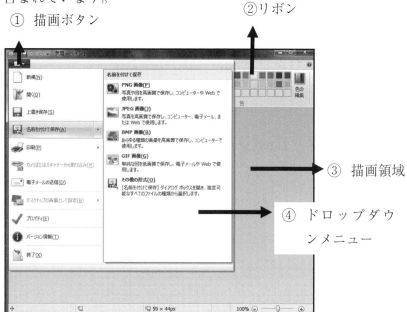

　■　メニューの選択
　　選択したいメニューの上にマウスポインタを合わせク
　　リックします。
　■　コマンドの選択
　　ドロップダウンメニュー（コマンド一覧）から、選択し
　　たいコマンドの上にマウスポインタを合わせクリック
　　します。

## 1-2 ウィンドウを操作してみよう

ウィンドウは好きなサイズに拡大・縮小したり、移動することがで
きます。また、複数開かれたウィンドウを、整列して表示させるこ
とができます。

デスクトップの PC のアイコン（注1）をダブルクリックしてみまし
ょう。（通常は左上にあります。）

（注1）アイコンとは
ファイルやフォルダなどを示すために、使われている絵文字のこと
です。

1）ウィンドウの移動

　ウィンドウのタイトルバーにマウスポインタを合わせて、移動したい場所までドラッグしマウスのボタンを離します。目的の場所に枠を移動したら，マウスのボタンを離します。

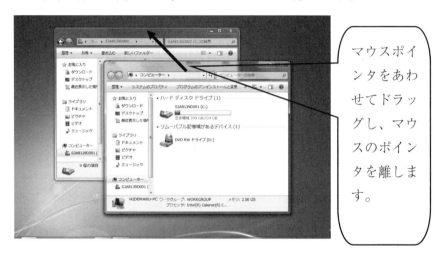

マウスポインタをあわせてドラッグし、マウスのポインタを離します。

2）ウィンドウサイズの変更

　ウィンドウの境界（枠か角）にマウスポインタを合わせ，ポインタを2方向矢印（ ↙ ↘ ）に変えます。さらに枠や角をドラッグして，適切なサイズにしマウスのボタンを離します。

　各自ウィンドウの大きさを調整してみましょう。

3）ウィンドウの枠線を縦方向に変更したいときはマウスポインタを枠線に合わせ，マウスポインタの形状を上下の2方向矢印（ ↕ ）に変えます。マウスを上または下にドラッグして，目的の大きさになったところでマウスのボタンを離します。

4）ウィンドウの枠線を横方向に変更したいときは，マウスポイン
　タの形状を左右の2方向矢印（←→）に変えます。マウスを左
　または右にドラッグして，目的の大きさになったところでマウ
　スのボタンを離します。

5）枠線の角にマウスポインタを合わせると斜めの2方向矢印

　（↗↖）にマウスポインタの形状が変わります。角をドラッ

　グして目的の大きさになったらマウスのボタンを離します。

## 1-3 日本語入力の基本

日本語を入力してみましょう。

1）メモ帳の起動

デスクトップ左下のスタートボタンを  クリックし、「Windows アクセサリー」をクリックし、「メモ帳」にマウスポインタを合わせ、メモ帳をクリックします。

2）日本語入力モードにする

タスクトレイに表示されている「あ」（または「A」）の上で右クリックします。ひらがな、全角カタカナ、全角英数、半角カタカナ、半角英数などの切り替えができます。

プロパティを選択すると、細かな設定変更が可能です。論文作成の際には、句読点の変更に使うことがあります。

　　　この操作をキーボードで行うには、キーボード左上の「半角/全角」
　　を押します。または、「ALT」＋「半角/全角」で行うこともできま
　　す。

　　注）環境によっては日本語入力の種類が異なりますが、操作上の大きな違いはありま
　　せん。

## 3）キーボードから日本語の読みを入力する。

　　　「広島」を入力するためにローマ字で hiroshima と入力して
みましょう。

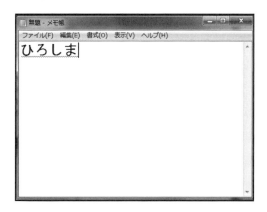

　　　「ひろしま」の文字に下線が表示されています。
　　　この状態ではまだ、文字が確定されていない状態です。

## 4）入力した文字を変換する。

　　　スペースキーを押して変換します。

し

左図の状態で入力できました。他の漢字やカタカナなどに変換したい場合には、スペースキーを押すと右図のように変換候補の一覧が表示されるので、変換したい文字を選択します。

### 5）変換した文字を確定する。

変換したい文字が選択されたら Enter キーを押して確定します。

### ファンクションガイドの機能

文字入力時以下のキーを押すことで簡単に変換することができます。

| | |
|---|---|
| Ｆ５ | コード、部首変換をする |
| Ｆ６ | 全角ひらがなに変換する |
| Ｆ７ | 全角カタカナに変換する |
| Ｆ８ | 半角カタカナに変換する |
| Ｆ９ | 全角英数字に変換する |
| Ｆ１０ | 半角英数字に変換する |

注　ローマ字入力変換表参照

## 1-4 ペイントの説明

Windows には、絵を書くためのソフトとして、ペイントというアプリケーションがついています。

### 1）ペイントの起動

1.　デスクトップ左下のスタートボタンをクリックする。
2.　「Windows アクセサリー」をクリックするとプログラムのサブメニューが表示されます。
3.　「ペイント」のアイコンにマウスポインタを合わせます。
4.　クリックすると、ペイントのプログラムが起動します。

### 2）ペイントの機能

#### 1．描画領域

画面上で絵を描く場所です

## 2. ツール（ホーム）

キャンパス上で作業をするときに使うアイコンの集まり。絵を書くための道具として、筆、エアブラシ、消しゴムなどさまざまな道具があります。上部リボンの中に配置されています。

以下の様々な機能が使えます。

1. 線を引く
2. さまざまな図形を描く
3. テキストを追加する
4. オブジェクトを選択して編集する
5. 画像全体または画像の一部のサイズを変更する
6. オブジェクトを移動およびコピーする
7. 色を操作する
8. 画像を表示する
9. 画像を保存して使用する

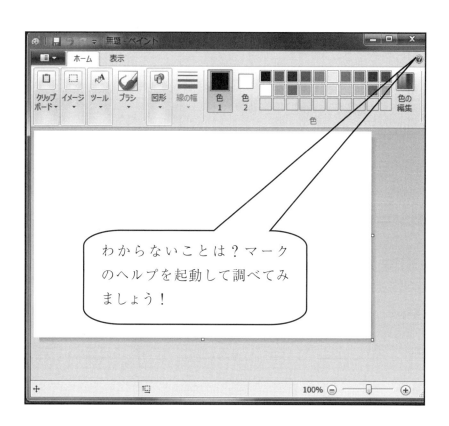

## 1-5 練習問題

ペイントをつかって自画像を描いてみましょう！
文字をいれることもできますから、横に自己紹介も書いてみましょう。
自己紹介カードのできあがりです（保存するときの＊.PING　＊.JPEG
*.BMP　＊．GIF　の画像の違いを確認してみましょう）。

みほん

# 2. ワープロの基本

## 2-1 ワープロの基本

　ワープロソフトとして Microsoft 社の Word を例にして説明していきます。
Word は、パソコンで文書を作って、印刷するためのソフトウェアです。
Word の使い方を覚えれば、パソコンでさまざまな文書が作れるように
なります。

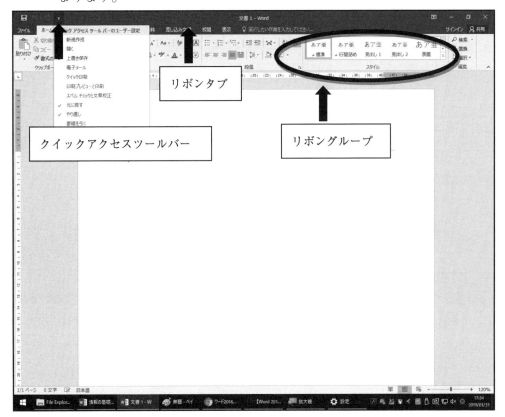

　1. クイック　アクセス　ツール　バー
ここに含まれているコマンドは常に表示されます。
よく使うコマンドを追加で きます。
　2. リボンタブ
リボンのタブをクリックすると、そのタブのボタンとコ マンドが表示され
ます。

### 3. リボングループ

各リボン タブには複数のグループがあり、関連するコマンドがまとめられています。この図の段落グループには、箇条書きまたは段落番号を作成したりテキストを中央揃えにしたり するためのコマンドが含まれています。

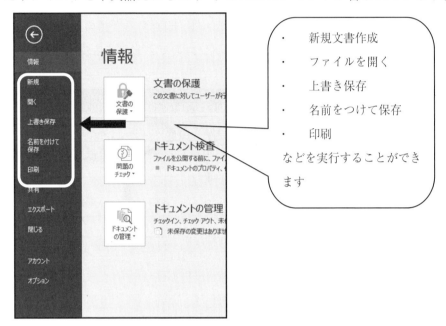

- ・　新規文書作成
- ・　ファイルを開く
- ・　上書き保存
- ・　名前をつけて保存
- ・　印刷

などを実行することができます

### 4. Backstage ビュー

ファイルタブをクリックすると、Backstage ビューが表示されます。Backstage ビューでは、Word ファイルを開いたり、保存したり、印刷したり、管理したりすることができます。

Backstage ビューを終了するには、上の矢印をクリックします。

### 5. ナビゲーションウィンドウ

ナビゲーションウィンドウを表示するには、Ctrl キーを押しながら　F キーを押します。

このウィンドウに見出しをドラッグして 文書の構成を変更することができます。このウィンドウで行った変更は文書に反映されます。そのほか、検索 ボックスに文字列を入力して、長い文書で目的の場所をすばやく見つけることもできます。

## 6. 操作別リボンタブ

必要なときにしかリボンに表示されないタブもあります。たとえ ば、表を挿入または選択すると、表ツール　タブが表示され ます。このタブには、デザイン　とレイアウト　という 2 つの追加のタブがあります。

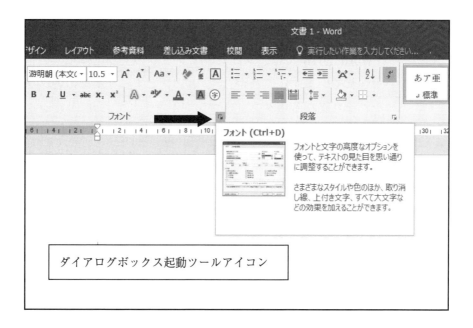

ダイアログボックス起動ツールアイコン

## 7. ダイアログ ボックス起動ツール

リボングループのラベルの横にダイアログボックス起動ツールのアイコンが表示されている場合は、それをクリックすると、そのグループのその他のオプションを 含むダイアログボックスが表示されます。

## 2-2 コマンドの実行

コマンドとは、Word に処理を行わせるための命令です。

### メニューバーとツールバーについて

Word 2016 では、メインウィンドウの上部全体に太い帯が表示されています。これが、「リボン」です。リボンの各タブにはそれぞれ異なるボタンとコマンドが含まれており、リボングループにまとめられています。

Word 2016 を開くと、リボンの「ホームタブ」が表示されます。このタブには、Word で最もよく使用されるコマンドの多くが含まれています。たとえば、このタブの左端にある「クリップボードグループ」には、「貼り付け」、「切り取り」、「コピー」などのコマンドがあります。

コマンドはグループごとにメニューに収められており、選択するとすぐに実行されるものと、ダイアログボックスを表示して、いろいろな設定を行うものがあります。

## 2-3 文書（ファイル）を開く

Word のファイルを開く方法

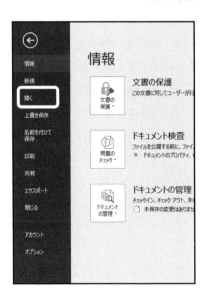

1. ファイルタブを押す。
2. メニューの「開く」をクリックします。
3. 開く場所をクリックし、開きたい文書ファイルを選択し、「開く」をクリックします。
4. 最近利用したファイルで「開く」こともできます。

その他ファイルを開く方法

1.　開きたい文書ファイルを見つけます。

2.　ファイルをそのままダブルクリックすると　Word が起動してファイルが読み込まれて開きます。

3.　開きたいファイルがどこにあるかわからないときには、このようにファイルを探して、その場でダブルクリックすると素早く開くことができます。

## 2-4 基本操作

### 1) 画面のスクロール

　画面に表示しきれない部分を表示するために、表示部分を動かすことをスクロールといいます。画面をスクロールするには、文書ウィンドウの右脇と下部についているスクロールバーを使用します。

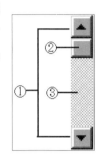

　　① をクリック：1 行または 1 文字単位の移動
　　② をドラッグ：任意の位置までの移動
　　③ をクリック：1 画面単位の移動

### 2) 範囲の選択

　文章の配置や網掛けなどの機能は、範囲を選択すると、その部分のみ変更ができて便利です。範囲の選択は次のような方法で行います。まず、範囲を選択したい部分に挿入ポインタを移動します。
ここで、2 度クリックすると 1 単語が範囲選択されます。

> 今年もスキーの季節がやってきました。↵
> 昨年は、たいへん好評で、参加者が 50 名にもなりました。そこで、今年も引き続きスキーツアーを行います。↵
> また、今年は、斑小高原スキー場に決まりました。↵

ここで、3 度クリックすると 1 段落が範囲選択されます。

> 今年もスキーの季節がやってきました。↵
> 昨年は、たいへん好評で、参加者が 50 名にもなりました。そこで、今年も引き続きスキーツアーを行います。
> また、今年は、斑小高原スキー場に決まりました。↵

また、選択したい範囲の先頭で、マウスの左ボタンを押したまま、選択したい範囲の終わりの位置までマウスを移動しボタンを離すと（ドラッグ）、その範囲が選択できます。

> 今年もスキーの季節がやってきました。↵
> 昨年は、たいへん好評で、参加者が 50 名にもなりました。そこで、今年も引き
> 続きスキーツアーを行います。↵
> また、今年は、斑小高原スキー場に決まりました。↵

なお、文書ウィンドウの左側にマウスカーソルを持ってくると、文書を行単位で範囲選択することができます。

文書ウィンドウの左側にマウスカーソルを持っていくと形が変化します。

（右上向きに変わります。）

ここで、1 度クリックすると 1 行が選択されます。

> 今年もスキーの季節がやってきました。↵
> 昨年は、たいへん好評で、参加者が 50 名にもなりました。そこで、今年も引き
> 続きスキーツアーを行います。↵
> また、今年は、斑小高原スキー場に決まりました。↵

ここで、2 度クリックすると、1 段落が選択されます。

> 今年もスキーの季節がやってきました。↵
> 昨年は、たいへん好評で、参加者が 50 名にもなりました。そこで、今年も引き
> 続きスキーツアーを行います。↵
> また、今年は、斑小高原スキー場に決まりました。↵

ここで、3 度クリックすると文書全体が選択されます。

> 今年もスキーの季節がやってきました。↵
> 昨年は、たいへん好評で、参加者が 50 名にもなりました。そこで、今年も引き
> 続きスキーツアーを行います。↵
> また、今年は、斑小高原スキー場に決まりました。↵

また、選択したい行の範囲をマウスの左ボタンを押したまま、選択したい範囲の終わりの位置までマウスを移動しボタンを離すと（ドラッグ）、行単位で範囲が選択できます。

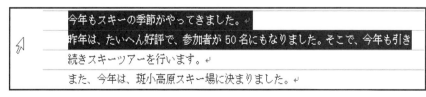

## 3）文字列の移動コピー

Word では、次のような方法で文字の移動やコピーができます。
■ 文字の範囲選択をします。

> *パソコンのある生活*↵
>
> パソコンは生活を豊かにする道具だ。パソコンを使えば、手間
> ていた多くのことを短時間で済ますことができ、暮らしの時間に
> 便利さを知らずに、自分とは縁遠いものと思っている人も少なく
> 自分には使いこなせないとあきらめている人さえいるようだ。実
> い話だ。↵
> 　例えば、インターネットにつながったパソコンが手元にあれば

移動のとき　：切り取りボタン　[ ✂ 切り取り ]　をクリックします。

コピーのとき：コピーボタン　[ 📋 コピー ]　を押します。

移動先またはコピー先をクリックし、貼り付けボタン
をクリックします。

貼り付けるときに、書式を消去して貼り付けたいときには、矢印をク
リックして　「形式を選択して貼り付ける」を選択する。

## 4）文書の表示モード

Word では、さまざまな作業にあわせて文書を見やすくする表示モー
ドが5つあります。コマンドは、表示タブにあります。（ウィンドウ右
下からも指定できます。）

1. 印刷レイアウト
2. 閲覧モード
3. Web レイアウト
4. アウトライン
5. 下書き

ウィンドウ右下ボタン　→

## 5）作業を元に戻す／元に戻したものを取り消す

文字のコピーや貼り付けや設定の変更を行った後、前の状態に戻したい場合に　　　「元に戻す」ボタンを押します。

また、この「元に戻す」を取り消したい場合には、　　　「元に戻すの取り消し」ボタンを押します。

## 6）フォントサイズの変更

フォントサイズを変更して文字の大きさを変えることができます。

範囲選択し、フォントサイズボックス　をクリックしてサイズを選びます。

## 7）フォントの変更

フォントを変更することで文字のデザインを変えることができます。

範囲選択し、フォント名ボックス　をクリックしてフォントを選択します。

フォントの変更とフォントサイズの変更

## 8）文字スタイルの変更

　文字スタイルを変えることで、太字、斜体、下線などの文字飾りができます。

　文字、斜体、下線は、以下のボタンで設定を変えることができます。

太字　斜体　下線

　範囲選択し、文字スタイルのボタンを押します。

ボタンが押されている状態で再度押すと元に戻ります。

## 9）文字の配置の変更

　文字の配置は、「両端揃え」、「中央揃え」、「右揃え」、「均等割り付け」を選択できます。

　「両端揃え」、「中央揃え」、「右揃え」、「均等割り付け」は、以下のボタンで設定を変更できます。

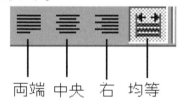

両端　中央　右　均等

　範囲選択をし、「中央揃え」のボタンを押します。

## 2-5 作業の保存、終了と文書の新規作成

### 1）文書を保存する

　タブのファイルをクリックし，Backstage メニュー「名前を付けて保存」をクリックします。
ここでは C ドライブの「ドキュメント」に保存するものとします。

まず保存先のドライブを指定します。

保存先のフォルダを選択して、ダブルクリックします。

ファイルにつける名前を入力し、「保存」をクリックします。

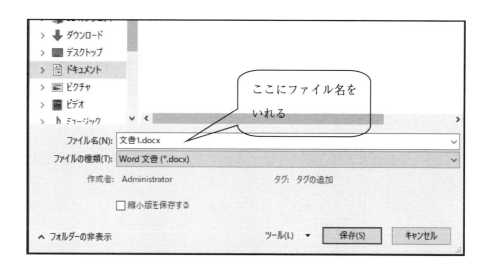

ファイル名は、自動的に最初の行に書かれた名前になっていますので、必要があればファイル名の欄をBackspaceおよびDeleteキーを使い名前を消し新しい名前を入力します。保存ボタンを押すと保存されます。

いろいろなファイルの種類があることを知っておきましょう。

**＊＊注意＊＊**

Word2007・Word2010・Word2013 では保存形式に気を付けること！！

Word2007・Word2010・Word2016 形式で保存したファイルは

Word2003 以前のソフトで読むことはできません（変換ソフトが必要）。

相手が Microsoft のワープロを利用しているとは限りません。ワープロ

ファイルを送付する際は、相手がどのワープロソフトを利用している

か聞いて、保存形式を変える必要があります。様々な保存形式がある

ことを知っておくことが必要です。

RTF（リッチテキスト形式）は多くのワープロソフトで読み書きでき

る形式です。相手がどのようなワープロソフトを使っていてもこの形

式であれば読み込むことができます。

## 2）文書を閉じる

　タブのファイルをクリックし，Backstage メニュー「閉じる」をク
リックします。

　また、文書を閉じるときに、文書に変更があった場合や、新規作成
の場合、下図のように文書を保存するかどうか聞いてきます。(保存す
る場合は「はい」保存しない場合は「いいえ」文書編集画面に戻りた
い場合は「キャンセル」をクリックします。)

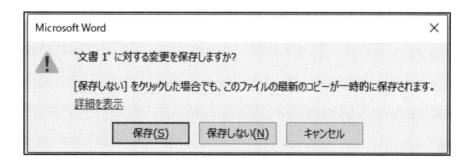

### 3）Word の終了

　Word を終了するには、タイトルバーの右端にある閉じるボタンをク
リックします。

　タイトルバーのボタンをクリックします。

## 2-6 練習問題　レポート作成

ワープロソフトを利用したレポート作成について学習します。以下を読んでみましょう！

---

　レポートと論文の違いは次の2点にあると考えられます。1．論文はレポートにくらべると，書く分量が多く，労力もかかる。2．レポートはテーマ（課題）があらかじめ教員から与えられるが，論文は自分でテーマを見つけなければならない。

　これらの点でレポートと論文は異なるものですが，「レポートを書く」ということが「論文を書く」ことの基礎になっていることは確かです。大学では最終的に卒業論文を書いて卒業することで，最終目的を達するといえるでしょう。そのための基礎学習として「レポートの書き方」について学習します。

　レポートとは，「調査や研究の結果わかった事実と，それに基づく自分の意見をまとめた報告書」です。レポートは，日記や講義ノート，メモ，手紙などとは違って，他の人に読んでもらうものですから，読む人がわかりやすいように，文章の構成をしっかり考えて，筋道を立てて書かなくてはなりません。

　また，感想文のように自分の「感情（気持ち）」だけを書いてはいけません。レポートは「事実」とそれに基づいた自分の「意見」だけを書き，また「事実」と「意見」ははっきりと区別して書くことが大切です。

　「事実」を述べた分とは，「その内容が本当かどうか（真か偽か）を客観的に確かめることのできる文」のことです。たとえば，次の文（例1）は日本の年齢別人口と出生数（出生率）が載せられている資料を調べば，この内容が本当かどうか確かめられるものですから，「事実」を述べた文だといえます。

例1 日本では，高齢化と少子化が進んでいる。

　これに対して，「意見」を述べた文とは，「書き手の考え（判断や推測）を表した文」のことです。次の例2がそうです。

　例2 日本では高齢化と少子化が進んでいるのは問題だ。

　「意見」を述べた文の内容は，真偽を客観的に確かめることができるものではないため，この文を読んだ人の中には，「そのとおりだ」と思う人もいればそう思わない人もいるでしょう。

　レポートにおける「意見」が感想文における「感想」と異なるのは，「感想」

を述べた文の内容は，あくまでも本人だけの主観的なものであり，客観的にその正当性が証明できないということです。それに対して「意見」を述べた文の内容が，客観的な事実からその正当性を証明できるというところにあります。したがって，レポートで「意見」を述べる場合には，その正当性を証明する「根拠」を明確に示す必要があります。

　以上のことから，レポートを書くときの心得は次のようにまとめることができるでしょう。1.文章の構成に気をつける。2.事実と意見をはっきり区別して書く。3.意見の根拠（論拠）ははっきりと示す。以上3点に気をつけてレポート作成を学習してみましょう。

　参考文献：学習技術研究会，知へのステップ　くろしお出版　2006年

---

上のレポート作成についての文章をA4用紙1枚のレポートにまとめてみましょう。

タイトル：本文より少し大きめの文字にして中央そろえ（センタリング）。

氏　名　等：大学での提出では学生番号と氏名を必ず書いてください。

段　　　落：段落の最初は1文字さげる。日本語文章作成と基本は同じです

参考文献：最後にレポートを書くために調べた書物や他の論文などを参考文献として必ず記載してください。

段　　　組：2段組のレポートも多く書かれている。

1ページ：文字数は指定がなければ40文字＊40行程度で作成する。

提出方法：印刷して提出，ファイルで提出（メール添付，ネットワークドライブ提出，課題提出サイトへ提出など）。担当教員の指示に従って提出すること。間違った提出方法ではうけとってもらえません。ファイル名が指定されていることもありますので注意しましょう。

作成方法：そのまま文章を写して作成してみる。自分の意見があれば最後に付け加える。

2段組みも練習してみましょう！

# 3. ワープロの実践

## 3-1 書式—文字

ここでは、ワープロを用いて下のような文書を仕上げていきます。

国際商事㈱

## 社内新聞

2000年6月8日

今年も社員旅行の季節がやってきました。昨年はたいへん好評で、参加者が50名にもなりました。そこで、今年も引き続きミステリーツアーの企画を行います。到着するまでに、どこに行くのかわかった方10名には景品があります。

　つきましては、ふるってご参加いただくようお願いいたします。また、申し込みについては総務部の田中にお願いします。旅行の案内は以下のようになっております。

記

1. 日時：8月1日8時集合
2. 場所：広島駅　みどりの窓口前
3. 料金：¥58,000

以　上

連絡先
総務部　福利厚生係
田中　内線（2214）

学生番号　　　氏名　　　（右揃え）

1）サンプルファイルを開きます。

2）「国際商事㈱」を範囲選択し、「フォント」を「MS ゴシック」に変
　　更します。
→この作業により、文字のフォント（デザイン）を変更することがで
きます。

3）範囲選択した状態のままで、*I* ボタンを押して「斜体」にします。
→また、**B** を押すと「太字」になり、**U** を押すとアンダーラインが
引かれます。

4）「社内新聞」を範囲選択し、「フォントサイズ」を「１６」にしま
　　す。
　→この作業により、文字の大きさを選択できます。

5）社内新聞を太字にします。→3）を参照

6）「社内新聞」を範囲選択したままの状態で、▤ボタンを押して「中央揃え」にします。

→▤を押すと、「両端揃え」▤を押すと「右揃え」になります。

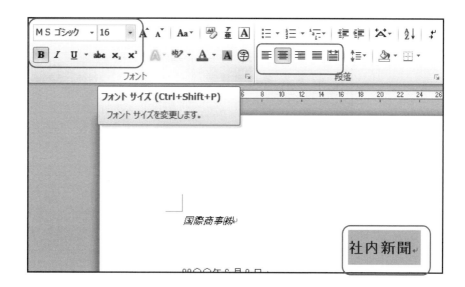

7）本日の日付を挿入します。範囲選択し、「斜体」にし、「下線」を引き、「右揃え」にします。→3），6）を参照

## 3-2 書式—網掛け

1）「国際商事㈱～20○○年6月・・・」の3行を選択し、リボンの「罫線」右にある矢印をクリックし、「線種とページ罫線と網かけの設定」を選びます。

3）ここで、「網かけ」を選び網かけの種類を「塗りつぶし 100%」を選び、色は「青」を選びます。→この作業により、文字のバックに色をつけることができます。

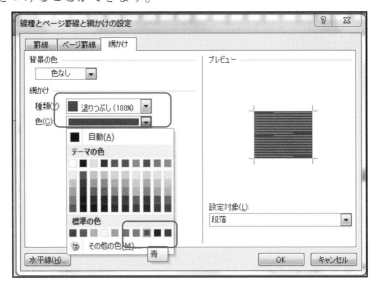

注　ワープロのバージョンによっては，自動的にフォントの色が「白」に変更される場合も
ありますが、通常は文字の色を「白」色に変更が必要です。

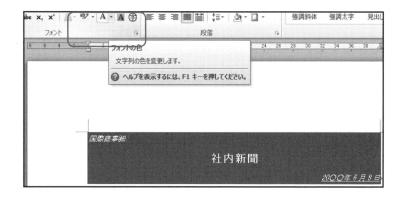

3）「20○○年　社内旅行」を範囲選択し、フォントサイズを「18」、
「太字」、「斜体」のボタンを押します。

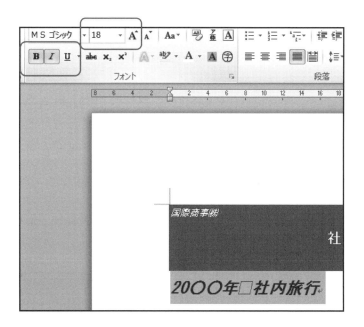

## 3-3 図形描写

1）挿入タブを選択して、図形ツールを表示し、楕円を選択します。

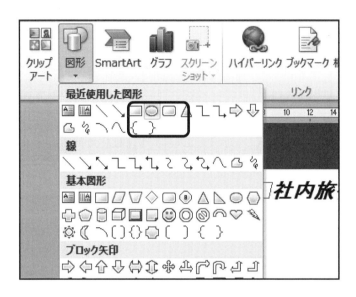

「20○○年　社内旅行」の上にドラッグして楕円を描きます。

2）この楕円は、ドラッグにより移動やサイズの変更を行うことがで
きます。

3）楕円図形をクリックし、図形タブからコマンド「図形の塗りつぶ

し」を選び、塗りつぶしの色「薄い緑」を選びます。同じように
して、「図形の枠線」を選び「線なし」を選びます。

4）文字が前面に出ていない場合には、楕円をクリックして、右クリ
　　ックで以下のメニューを出し、「テキストの背面へ移動」をクリッ
　　クして、楕円を背面にします。

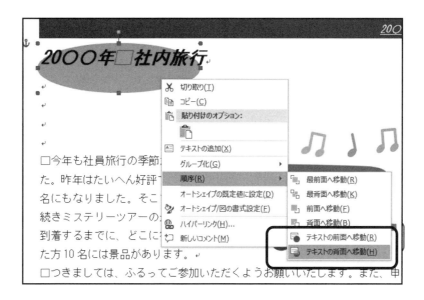

5）「記」を入力します。自動的に中央揃えになり、「以上」が右揃え
　　で表示されます。

6）記述事項に番号をつけます。範囲指定し，段落番号ボタンをクリ
　　ックします。最初から記述事項に番号をつけて入力する場合は，1.を入
　　力して 1 行目を入力したのち、2 行目に改行すると、自動的に番号が
　　出力されます。

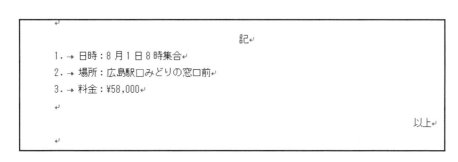

7）3行を範囲指定する。中央にくるようにインデントを数回クリック
します。

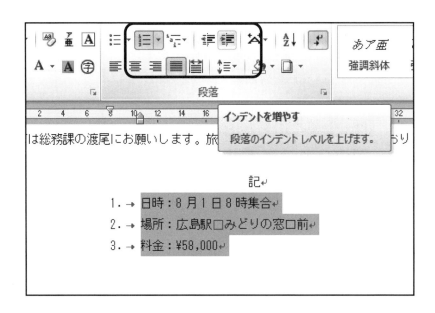

8）テキストボックスを入力するため、改行を5から6行入力します。

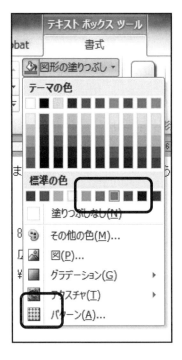

9）挿入タブから「テキストボックス」
を選び、サンプルの左上　「シンプルテキ
ストボックス」を選びます。

10）テキストボックスの中に、「連絡先」
「総務部　福利厚生係」「田中　内線
（2214）」と入力し中央揃えにします。

11）テキストボックスツールから「図形
の塗りつぶし」を選びます。色は「薄い青」
を選択します。

１２）「パターン」をクリックします。パターンで「右上がり対角線」
を選択します。

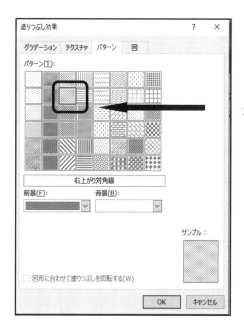

右上がり対角線

あと少しで出来上かり

## 3-4 挿入―図

図を入れてみましょう。まず、図を挿入したい場所に挿入カーソルを
もっていきます。

1）「挿入」タブから「画像」を選びます。
保存されている画像の中から　挿入したい画像を選択してください。
保存されている画像の著作権については気を付けて調べておきましょ
う。著作権フリーの素材を利用することが必要です。

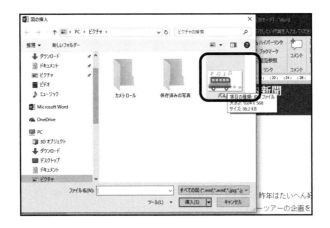

2）挿入したい図をクリックし、画像の挿入を選択します。

オンライン画像を選択した場合、検索に「バス」の文字を入力し、検
索をクリックします。「バス」関連の画像の一覧が表示されます。
この場合、著作権に気を付けて著作権フリーの画像を選択するように
してください。画像を選択して著作権についての記述を必ず確認して、
その画像の利用方法について記載されている規定に従って利用してく
ださい。

３）挿入をクリックすると、挿入カーソルの位置に図が挿入されます。
図の大きさを調節したあと、図をクリックし、「書式」タブの「文字列
の折り返し」　　「四角」をクリックします。

この設定により図のまわり
に文字を回り込ませること
ができます。

４）図を適切な大きさにし
て、右端に移動します。

「文字列の折り返し」を使うことにより、次の図のように移動すると文
字が回りこみます。

## 3-5 ワードアート

1) 「挿入」タブの「ワードアート」をクリックします。

2) ワードアートのスタイルを選択し、OK ボタンを押します。

文字の入力ボックスの中に「ミステリーツアー」と書いて、OK ボタンを押します。

3) 「ミステリーツアー」をクリックすると、リボンに「ワードアートツール」「書式」タブがでます。自分の好きな色、形状を選択しクリックします。

4) 「書式」タブから「文字列の折り返し」を選択し，前面を選択します。

5) 「影の効果」「3Dの効果」などを選択したり、字体を回転させたりしてみましょう。

6) 文書の適当な位置をクリックすると、Word の文書モードに戻ります。

## 3-6 完成

国際商事㈱

# 社内新聞

2○○○年 6 月 8 日

### 2○○○年　社内旅行

# ミステリーツアー

今年も社員旅行の季節がやってきました。昨年は、たいへん好評で、参加者が 50 名にもなりました。そこで、今年も引き続きミステリーツアーの企画を行います。到着するまでに、どこに行くのかわかった方 10 名には景品があります。

つきましては、ふるってご参加いただくようお願いいたします。また、申し込みについては総務部の田中にお願いします。旅行の案内は以下のようになっております。

記

1.　日時：8 月 1 日 8 時集合
2.　場所：広島駅　みどりの窓口前
3.　料金：¥58,000

以　上

連絡先
総務部　福利厚生係
田中　内線（2214）

## 3-7 練習問題

**練習問題 1**　　画像のはいった簡単な案内文の練習

以下の文書を A4 用紙の上半で作成してみましょう。画像ファイルは Web ページからダウンロードして使ってください。

季節の割烹　山雲亭　←　テキストボックスで文字の拡大 200％を指定してください。画像にみえる　　□　　は　全角空白を表しています。

## 練習問題２－１

以下の文章を指定のように変更してレイアウトする。

広島教養大学　　vol38← フォント：ＭＳ明朝、サイズ：16、斜体

－April 27, 2020－←フォント：Times New Roman、サイズ：14、斜体、右揃え


BRUSH UP SEMINAR ←フォント：Arial、サイズ：18、斜体

受講生応募説明会 ←フォント：ＭＳゴシック、サイズ：18、斜体・下線
　　　↑

上の２段落の左インデントを４に設定する。

下の文章の最初の行インデント位置は２、左インデント位置１に設定する。

右インデント位置を 44 に設定する。
　　　　↓

新入生の皆さん、ご入学おめでとうございます。

このたび、本学に入学され希望に夢ふくらんでおられることと思います。さて早速ですが、昨今の経済不況による就職難を乗り越えるため、本学ではすべての学生を対象にブラッシュ・アップ・セミナーを開催いたします。つきましては、開催内容の説明と受講手続きの説明会を開催いたします。

「情報のスキルを身につけたい」「公務員試験を受験するにはどんな勉強が必要か」などの学生さんからの声にお応えするために、学内での講習会を開催予定にしております。

また、内容につきましても、情報スキル講座では「情報機器の使用技術」から「効果的なプレゼンテーションの作成」をはじめとする卒業研究にも役立つ講習に加えて、各種資格取得のための特別講座、豊かな大学生活を過ごすための教養講座など、全３講座を新設しました。どうぞ気軽に参加して下さい。


協力：広島教養大学地域教育センター
　　　　　↑

フォント：ＭＳゴシック、右揃え

## 練習問題２－２

練習問題２－１の文書に図形や特殊効果文字を用いる。

広島教養大学　vo138

背景の色（濃い青）網掛け（50%）色（青）
文字色：白

-April 27,2020-

BRUSH

挿入図形（楕円図形、テキストの背面へ）
図形の塗りつぶし（青、アクセント1）
図形の枠線（黒、1pt）

受講生応募説明会

挿入、図、大きさ調整
文字列の折り返し（四角形）
図の枠線（黒、0.5pt）

　新入生の皆さん、ご入学おめでとう

　このたび、本学に入学され希望に夢ふくらんでおられることと思います。

　さて早速ですが、昨今の経済不況による就職難を乗り越えるため、本学ではすべての学生を対象にブラッシュ・アップ・セミナーを開催いたします。つきましては、開催内容の説明と受講手続きの説明会を開催いたします。

　「情報のスキルを身につけたい」「公務員試験を受験するにはどんな勉強が必要か」などの学生さんからの声にお応えするために、学内での講習会を開催予定にしております。

　また、内容につきましても、情報スキル講座では「情報機器の使用技術」から「効果的なプレゼンテーションの作成」をはじめとする卒業研究にも役立つ講習に加えて、各種資格取得のための特別講座、豊かな大学生活を過ごすための教養講座など、全3講座を新設しました。どうぞ気軽に参加して下さい。

問い合わせ先
広島教養大学地域教育センター
村上紀子（内線：2091）

テキストボックスを指定
内容を書き込む、中央揃え
図形の塗りつぶし（青、アクセント1、白＋基本色80%）
図形の枠線（青、1pt）

挿入ワードアート指定
HLEC 入力　Britannic Bold　サイズ36
文字列の折り返し（四角形）
文字の効果　変形（凸レンズ：上）

協力：国際教養大学地域教育センター　

# 4. 表計算の基礎

Excel は「表計算」という分類に属するソフトで、数値を使った計算はもちろんのこと文字を使った計算も可能です。文書作成のような作業もできますが元来計算を得意とするソフトです。

## 4-1 Excel の画面要素（Excel2016）

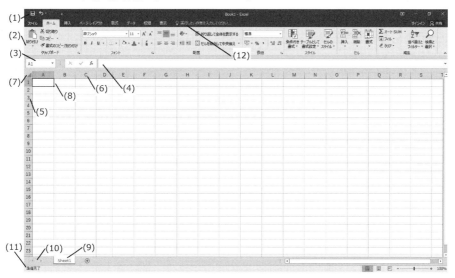

(1) クイックアクセスツールバー
  よく使用する操作がボタンとして登録してある

(2) リボン
  操作で使用する機能を用途ごとに分類しボタンとして登録してある

(3) 名前ボックス
  操作対象となっているセルの位置やシートで使用する関数を表示する

(4) 数式バー
  操作対象となっているセル（アクティブセル）のデータを表示する

(5) 行番号
  行の位置を示す番号を表示、クリックすると行全体を選択する

(6) 列番号
  列の位置を示す番号（英字）を表示、クリックすると列全体を選択する

(7) 全セル選択ボタン
  シート内の全セルを選択・解除する

(8) セル
  データを入力して表示し、また数式、関数を入力して計算を行う

(9) シート見出し
  ブック内のワークシート名を表示し、またワークシートへの操作を行う

(10) 見出しスクロールボタン
  ワークシート数が多く、見出しが隠れて見えない場合に使用する

(11) ステータスバー
  選択された機能の説明、作業状態について表示する

(12) 操作アシスト
  Excel の操作に関する取扱いの説明を検索、参照する

## マウスポインタ

 メニューやツールをクリック するとき

 ワークシート内でマウスを操 作するとき

 数式バー上、または編集中の セルの上にあるとき

 アクティブセルや範囲選択の 右下隅に表示される黒い四角 形をポイントするとき

 列と列の間にあるとき、ドラ ッグして列幅を変更する

 行と行の間にあるとき、ドラ ッグして行高を変更する

## 4-2 数字・文字の入力

|  | A | B | C | D | E | F | G | H |
|---|---|---|---|---|---|---|---|---|
| 1 |  |  |  |  |  |  |  |  |
| 2 |  | 1月 |  |  |  |  |  |  |
| 3 |  | 2000年 |  |  |  |  |  |  |
| 4 |  | 月 |  |  |  |  |  |  |
| 5 |  | 営業1課 |  |  |  |  |  |  |
| 6 |  | 子 |  |  |  |  |  |  |
| 7 |  | 睦月 |  |  |  |  |  |  |
| 8 |  |  |  |  |  |  |  |  |
| 9 |  |  |  |  |  |  |  |  |
| 10 |  |  |  |  |  |  |  |  |
| 11 |  |  |  |  |  |  |  |  |
| 12 |  |  |  |  |  |  |  |  |

　Excelでは、操作対象のセル（アクティブセル）に数字・文字を入力します。
　数字は全角(日本語入力モード)で入力しても、計算の便宜上半角に自動的に修正されます。数字は半角で入力するほうが効率的です（全角と半角、つまり日本語入力と直接入力の切り替えは、キーボードの半角／全角キーでできます）。数字は入力すると数値として扱われ、数値の原則的な配置としてセルの右揃えになります。
　文字は半角でアルファベットと記号、全角（日本語入力モード）でかなや漢字と記号が入力できます。文字は入力すると原則的な配置としてセルの左揃えになります。数字を文字として扱いたい場合は入力の先頭に「'」記号をつけ、その後に数字を入力します。
　連続データの入力はドラッグで簡単に連続データの入力や複写ができます。
　例題のとおり入力したら、①マウスカーソルを1月と入力したセルに移動してクリックし、②セルの右下にカーソルを移動し下図のようにポインタが変化したら、右にドラッグしてみましょう。

①   ②

　すると、Excel が自動的に判断して、続くセルに 2 月、3 月・・・と入力されます。これはオートフィルという機能です。他も同様の作業をしてみましょう。

| | A | B | C | D | E | F | G | H |
|---|---|---|---|---|---|---|---|---|
| 1 | | | | | | | | |
| 2 | | 1月 | 2月 | 3月 | 4月 | 5月 | 6月 | |
| 3 | | 2000年 | | | | | | |
| 4 | | 月 | | | | | | |
| 5 | | 営業1課 | | | | | | |
| 6 | | 子 | | | | | | |
| 7 | | 睦月 | | | | | | |
| 8 | | | | | | | | |
| 9 | | | | | | | | |
| 10 | | | | | | | | |
| 11 | | | | | | | | |
| 12 | | | | | | | | |

◎試してみよう

　下のように入力し、一行ずつ数値の入っているセルを範囲選択してオートフィルを使って横方向に連続する数値を入力してみよう。

| | A | B | C | D |
|---|---|---|---|---|
| 1 | 1 | | | |
| 2 | 10 | | | |
| 3 | 1 | 2 | | |
| 4 | 10 | 20 | | |

## 4-3 計算式の入力

　Excel では足し算や掛け算などの数式や関数は、式の先頭に必ず「＝」を入力します。まず足し算の計算式を入力してみましょう。

　「A1」の位置（横軸(列)が A で縦軸(行)が 1 の位置）に「2」と入力し、「B1」の位置に（列が B、行が 1）に「1」と入力します。「C1」の位置に、「＝A1+B1」と入力して、Enter キーを押します。

|   | A | B | C | D | E | F |
|---|---|---|---|---|---|---|
| 1 | 2 | 1 | =A1+B1 | | | |
| 2 | | | | | | |
| 3 | | | | | | |
| 4 | | | | | | |
| 5 | | | | | | |

　すると、C1 の位置には A1 のセルの数字に B1 の中の数字を加えた数字が表示されます。試しに、A1 や B1 の数字を変えてみましょう。

|   | A | B | C | D | E | F |
|---|---|---|---|---|---|---|
| 1 | 2 | 1 | 3 | | | |
| 2 | | | | | | |
| 3 | | | | | | |
| 4 | | | | | | |
| 5 | | | | | | |

◎試してみよう

　下のように入力してみよう。D 列の結果を確認したら、C 列の数値だけをすべて 13 に変えてみよう。

|   | A | B | C | D |
|---|---|---|---|---|
| 1 | 足し算 | 20 | 12 | =20+12 |
| 2 | 引き算 | 20 | 12 | =20−12 |
| 3 | 足し算 | 20 | 12 | =B3+C3 |
| 4 | 引き算 | 20 | 12 | =B4−C4 |

# 5. 表計算の実践

## 基本編

## 5-1 数式

ここでは、Excel を用いて 1 つの表を仕上げていきます。

　　1)サンプルデータを入力します。

　　2)D4 をクリックします。売上金額は単価×販売数で、求めることができます。

　ここでは文字列ではなく計算式であることを示すためキーボードから ＝ を入力します。

| | A | B | C | D | E | F | G |
|---|---|---|---|---|---|---|---|
| 1 | エクセルスタジアム | | | | | | |
| 2 | | | | | | | |
| 3 | 商品名 | 単価 | 販売数 | 売上金額 | | | |
| 4 | ステッカー | 600 | 7263 | = | | | |
| 5 | フラッグ | 700 | 8589 | | | | |
| 6 | キーホルダ | 700 | 9442 | | | | |
| 7 | バンダナ | 800 | 5520 | | | | |
| 8 | ペナント | 800 | 7883 | | | | |
| 9 | タオル | 1600 | 4375 | | | | |
| 10 | ポンチョ | 2100 | 2413 | | | | |
| 11 | ミニボール | 2400 | 740 | | | | |
| 12 | 合計 | | | | | | |
| 13 | | | | | | | |
| 14 | | | | | | | |

　　3)B4 をクリックします。するとクリックしたところが点線で囲まれます。

| | A | B | C | D | E | F | G |
|---|---|---|---|---|---|---|---|
| 1 | エクセルスタジアム | | | | | | |
| 2 | | | | | | | |
| 3 | 商品名 | 単価 | 販売数 | 売上金額 | | | |
| 4 | ステッカー | 600 | 7263 | =B4 | | | |
| 5 | フラッグ | 700 | 8589 | | | | |
| 6 | キーホルダ | 700 | 9442 | | | | |
| 7 | バンダナ | 800 | 5520 | | | | |
| 8 | ペナント | 800 | 7883 | | | | |
| 9 | タオル | 1600 | 4375 | | | | |
| 10 | ポンチョ | 2100 | 2413 | | | | |
| 11 | ミニボール | 2400 | 740 | | | | |
| 12 | 合計 | | | | | | |
| 13 | | | | | | | |
| 14 | | | | | | | |

4)＊を入力します。(＊は掛け算を表します。)

| 種類 | 演算子 |
|---|---|
| 足し算 | ＋ |
| 引き算 | － |
| 掛け算 | ＊ |
| 割り算 | ／ |

|  | A | B | C | D | E | F | G |
|---|---|---|---|---|---|---|---|
| 1 | エクセルスタジアム |  |  |  |  |  |  |
| 2 |  |  |  |  |  |  |  |
| 3 | 商品名 | 単価 | 販売数 | 売上金額 |  |  |  |
| 4 | ステッカー | 600 | 7263 | =B4＊ |  |  |  |
| 5 | フラッグ | 700 | 8589 |  |  |  |  |
| 6 | キーホルダ | 700 | 9442 |  |  |  |  |
| 7 | バンダナ | 800 | 5520 |  |  |  |  |
| 8 | ペナント | 800 | 7883 |  |  |  |  |
| 9 | タオル | 1600 | 4375 |  |  |  |  |
| 10 | ポンチョ | 2100 | 2413 |  |  |  |  |
| 11 | ミニボール | 2400 | 740 |  |  |  |  |
| 12 | 合計 |  |  |  |  |  |  |
| 13 |  |  |  |  |  |  |  |
| 14 |  |  |  |  |  |  |  |

5)C4 をクリックします。

|  | A | B | C | D | E | F | G |
|---|---|---|---|---|---|---|---|
| 1 | エクセルスタジアム |  |  |  |  |  |  |
| 2 |  |  |  |  |  |  |  |
| 3 | 商品名 | 単価 | 販売数 | 売上金額 |  |  |  |
| 4 | ステッカー | 600 | 7263 | =B4＊C4 |  |  |  |
| 5 | フラッグ | 700 | 8589 |  |  |  |  |
| 6 | キーホルダ | 700 | 9442 |  |  |  |  |
| 7 | バンダナ | 800 | 5520 |  |  |  |  |
| 8 | ペナント | 800 | 7883 |  |  |  |  |
| 9 | タオル | 1600 | 4375 |  |  |  |  |
| 10 | ポンチョ | 2100 | 2413 |  |  |  |  |
| 11 | ミニボール | 2400 | 740 |  |  |  |  |
| 12 | 合計 |  |  |  |  |  |  |
| 13 |  |  |  |  |  |  |  |
| 14 |  |  |  |  |  |  |  |

6) 数式バーに「＝B4＊C4」が入力されているのを確認して「ENTER」キーを押します。すると、「B4のセル　×　C4のセル」と掛け算が行われ D4 のセルに「4357800」と表示されます。

| | A | B | C | D | E | F | G |
|---|---|---|---|---|---|---|---|
| 1 | エクセルスタジアム | | | | | | |
| 2 | | | | | | | |
| 3 | 商品名 | 単価 | 販売数 | 売上金額 | | | |
| 4 | ステッカー | 600 | 7263 | 4357800 | | | |
| 5 | フラッグ | 700 | 8589 | | | | |
| 6 | キーホルダ | 700 | 9442 | | | | |
| 7 | バンダナ | 800 | 5520 | | | | |
| 8 | ペナント | 800 | 7883 | | | | |
| 9 | タオル | 1600 | 4375 | | | | |
| 10 | ポンチョ | 2100 | 2413 | | | | |
| 11 | ミニボール | 2400 | 740 | | | | |
| 12 | 合計 | | | | | | |
| 13 | | | | | | | |
| 14 | | | | | | | |

7) D4 セルをクリックし、オートフィルを使い D11 までドラッグします。

| | A | B | C | D | E | F | G |
|---|---|---|---|---|---|---|---|
| 1 | エクセルスタジアム | | | | | | |
| 2 | | | | | | | |
| 3 | 商品名 | 単価 | 販売数 | 売上金額 | | | |
| 4 | ステッカー | 600 | 7263 | 4357800 | | | |
| 5 | フラッグ | 700 | 8589 | | | | |
| 6 | キーホルダ | 700 | 9442 | | | | |
| 7 | バンダナ | 800 | 5520 | | | | |
| 8 | ペナント | 800 | 7883 | | | | |
| 9 | タオル | 1600 | 4375 | | | | |
| 10 | ポンチョ | 2100 | 2413 | | | | |
| 11 | ミニボール | 2400 | 740 | | | | |
| 12 | 合計 | | | | | | |
| 13 | | | | | | | |
| 14 | | | | | | | |

数式がコピーされて、D4 セルと同様に数式を計算します。

| | A | B | C | D | E | F | G |
|---|---|---|---|---|---|---|---|
| 1 | エクセルスタジアム | | | | | | |
| 2 | | | | | | | |
| 3 | 商品名 | 単価 | 販売数 | 売上金額 | | | |
| 4 | ステッカー | 600 | 7263 | 4357800 | | | |
| 5 | フラッグ | 700 | 8589 | 6012300 | | | |
| 6 | キーホルダ | 700 | 9442 | 6609400 | | | |
| 7 | バンダナ | 800 | 5520 | 4416000 | | | |
| 8 | ペナント | 800 | 7883 | 6306400 | | | |
| 9 | タオル | 1600 | 4375 | 7000000 | | | |
| 10 | ポンチョ | 2100 | 2413 | 5067300 | | | |
| 11 | ミニボール | 2400 | 740 | 1776000 | | | |
| 12 | 合計 | | | | | | |
| 13 | | | | | | | |
| 14 | | | | | | | |

## 5-2 オートサム

1）　売上金額の合計を入力するセル（D12）をアクティブに（クリック）して から「オートSUM」ボタン **Σ** をクリックします。

| | A | B | C | D | E | F | G |
|---|---|---|---|---|---|---|---|
| 1 | エクセルスタジアム | | | | | | |
| 2 | | | | | | | |
| 3 | 商品名 | 単価 | 販売数 | 売上金額 | | | |
| 4 | ステッカー | 600 | 7263 | 4357800 | | | |
| 5 | フラッグ | 700 | 8589 | 6012300 | | | |
| 6 | キーホルダ | 700 | 9442 | 6609400 | | | |
| 7 | バンダナ | 800 | 5520 | 4416000 | | | |
| 8 | ペナント | 800 | 7883 | 6306400 | | | |
| 9 | タオル | 1600 | 4375 | 7000000 | | | |
| 10 | ポンチョ | 2100 | 2413 | 5067300 | | | |
| 11 | ミニボール | 2400 | 740 | 1776000 | | | |
| 12 | 合計 | | | | | | |
| 13 | | | | | | | |
| 14 | | | | | | | |

2）　合計する部分を範囲選択します。

| | A | B | C | D | E | F | G |
|---|---|---|---|---|---|---|---|
| 1 | エクセルスタジアム | | | | | | |
| 2 | | | | | | | |
| 3 | 商品名 | 単価 | 販売数 | 売上金額 | | | |
| 4 | ステッカー | 600 | 7263 | 4357800 | | | |
| 5 | フラッグ | 700 | 8589 | 6012300 | | | |
| 6 | キーホルダ | 700 | 9442 | 6609400 | | | |
| 7 | バンダナ | 800 | 5520 | 4416000 | | | |
| 8 | ペナント | 800 | 7883 | 6306400 | | | |
| 9 | タオル | 1600 | 4375 | 7000000 | | | |
| 10 | ポンチョ | 2100 | 2413 | 5067300 | | | |
| 11 | ミニボール | 2400 | 740 | 1776000 | | | |
| 12 | 合計 | | | =SUM(D4:D11) | | | |
| 13 | | | | SUM(数値1, [数値2], …) | | | |
| 14 | | | | | | | |

3）　数式バーのボタン をクリックします。または、もう一度「オートSUM」 ボタン **Σ** をクリックします。

→これらの操作により、合計を計算します。

4）　同様に、販売数の合計も計算します。

## 5-3 セルの幅と高さの変更

1) セルの境界線上にマウスカーソルを持っていくと、カーソルの形が、や十のように変化します。その状態で、ドラッグするとセルの幅や高さを変えることができます。 また、境界線上でダブルクリックすると自動的に調整されます。

同様にして商品名がすべて見えるようにセルの幅を整えてみましょう。

## 5-4 列・行の挿入

1)「C」をクリックします。

| | A | B | C | D | E | F | G |
|---|---|---|---|---|---|---|---|
| 1 | エクセルスタジアム | | | | | | |
| 2 | | | | | | | |
| 3 | 商品名 | 単価 | 販売数 | 売上金額 | | | |
| 4 | ステッカー | 600 | 7263 | 4357800 | | | |
| 5 | フラッグ | 700 | 8589 | 6012300 | | | |
| 6 | キーホルダー | 700 | 9442 | 6609400 | | | |
| 7 | バンダナ | 800 | 5520 | 4416000 | | | |
| 8 | ペナント | 800 | 7883 | 6306400 | | | |
| 9 | タオル | 1600 | 4375 | 7000000 | | | |
| 10 | ポンチョ | 2100 | 2413 | 5067300 | | | |
| 11 | ミニボール | 2400 | 740 | 1776000 | | | |
| 12 | 合計 | | 46225 | 41545200 | | | |
| 13 | | | | | | | |
| 14 | | | | | | | |

2)ホームタブのセルグループにある「シートの列を挿入」を選択します。
新しい列を挿入します。

3)「6」をクリックします。

| | A | B | C | D | E | F | G |
|---|---|---|---|---|---|---|---|
| 1 | エクセルスタジアム | | | | | | |
| 2 | | | | | | | |
| 3 | 商品名 | 単価 | | 販売数 | 売上金額 | | |
| 4 | ステッカー | 600 | | 7263 | 4357800 | | |
| 5 | フラッグ | 700 | | 8589 | 6012300 | | |
| 6 | キーホルダー | 700 | | 9442 | 6609400 | | |
| 7 | バンダナ | 800 | | 5520 | 4416000 | | |
| 8 | ペナント | 800 | | 7883 | 6306400 | | |
| 9 | タオル | 1600 | | 4375 | 7000000 | | |
| 10 | ポンチョ | 2100 | | 2413 | 5067300 | | |
| 11 | ミニボール | 2400 | | 740 | 1776000 | | |
| 12 | 合計 | | | 46225 | 41545200 | | |
| 13 | | | | | | | |
| 14 | | | | | | | |

4)ホームタブのセルグループにある「シートの行を挿入」を選択します。
新しい行を挿入します。

5)新たにできた列に項目名「目標数」と数値を、行に商品名「メガホン」と
　数値をそれぞれ以下のように追加します。売上金額と合計には数
　式をコピーします。

| | A | B | C | D | E | F | G |
|---|---|---|---|---|---|---|---|
| 1 | エクセルスタジアム | | | | | | |
| 2 | | | | | | | |
| 3 | 商品名 | 単価 | 目標数 | 販売数 | 売上金額 | | |
| 4 | ステッカー | 600 | 7000 | 7263 | 4357800 | | |
| 5 | フラッグ | 700 | 8000 | 8589 | 6012300 | | |
| 6 | メガホン | 700 | 8000 | 7566 | 5296200 | | |
| 7 | キーホルダー | 700 | 8000 | 9442 | 6609400 | | |
| 8 | バンダナ | 800 | 7000 | 5520 | 4416000 | | |
| 9 | ペナント | 800 | 7000 | 7883 | 6306400 | | |
| 10 | タオル | 1600 | 5000 | 4375 | 7000000 | | |
| 11 | ポンチョ | 2100 | 2000 | 2413 | 5067300 | | |
| 12 | ミニボール | 2400 | 1000 | 740 | 1776000 | | |
| 13 | 合計 | | 53000 | 53791 | 46841400 | | |
| 14 | | | | | | | |
| 15 | | | | | | | |

## 5-5 関数 1 平均(AVERAGE)

Excel では度々行う計算や複雑な計算、たとえば合計や平均などのような計算は関数としてまとめられています。関数には名前がついており、名前の後ろにつく括弧の中に、計算に必要な数値や文字、計算するセルの範囲を入力します。関数は、キーボードから直接入力することも、以下のように関数の挿入ボタンを使って対話的に入力することもできます。

1) 合計の下に「平均」という項目を作ります。そして下図のセル（C14）を選択してから「関数の挿入」*fx*をクリックします。

2) 関数の挿入ダイアログで、関数の分類を「すべて表示」にして、関数名から平均を求める関数「AVERAGE」を選択して、「OK」をクリックします。

3)　平均を求める範囲を選択して「OK」をクリックします。(初期設定で
　　は、下図の関数ボックスが前面に現れ、表が隠れてしまいます。ドラ
　　ッグで適当な位置に移動させてください。) 下図の AVERAGE の数
　　値 1 の欄に選択範囲(ここでは「C4:C12」)が入力されていることを
　　確認してください。

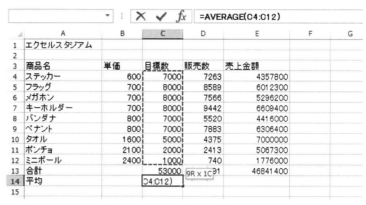

4)　同様に、「販売数」と「売上」の平均も計算します。「目標数」の平均
　　を求めたC14をもとにオートフィルを使って求めましょう。

## 5-6 相対参照と絶対参照

1) 売上比率を求めます。売上比率は売上金額の合計から各商品の売上金額がどのくらいの割合であるかを求めるものです。F3に「売上比率」という項目を作り、F4をクリックし「=E4/E13」という式を入力して「ステッカー」の売上比率を求めます。

| | A | B | C | D | E | F | G |
|---|---|---|---|---|---|---|---|
| 1 | エクセルスタジアム | | | | | | |
| 2 | | | | | | | |
| 3 | 商品名 | 単価 | 目標数 | 販売数 | 売上金額 | 売上比率 | |
| 4 | ステッカー | 600 | 7000 | 7263 | 4357800 | =E4/E13 | |
| 5 | フラッグ | 700 | 8000 | 8589 | 6012300 | | |
| 6 | メガホン | 700 | 8000 | 7566 | 5296200 | | |
| 7 | キーホルダー | 700 | 8000 | 9442 | 6609400 | | |
| 8 | バンダナ | 800 | 7000 | 5520 | 4416000 | | |
| 9 | ペナント | 800 | 7000 | 7883 | 6306400 | | |
| 10 | タオル | 1600 | 5000 | 4375 | 7000000 | | |
| 11 | ポンチョ | 2100 | 2000 | 2413 | 5067300 | | |
| 12 | ミニボール | 2400 | 1000 | 740 | 1776000 | | |
| 13 | 合計 | | 53000 | 53791 | 46841400 | | |
| 14 | 平均 | | 5888.889 | 5976.778 | 5204600 | | |
| 15 | | | | | | | |

2) この式でオートフィルによる複写を行うと以下のようにエラー(0 による割り算を行ったため)になります。

| | A | B | C | D | E | F | G |
|---|---|---|---|---|---|---|---|
| 1 | エクセルスタジアム | | | | | | |
| 2 | | | | | | | |
| 3 | 商品名 | 単価 | 目標数 | 販売数 | 売上金額 | 売上比率 | |
| 4 | ステッカー | 600 | 7000 | 7263 | 4357800 | 0.093033 | |
| 5 | フラッグ | 700 | 8000 | 8589 | 6012300 | 1.15519 | |
| 6 | メガホン | 700 | 8000 | 7566 | 5296200 | #DIV/0! | |
| 7 | キーホルダー | 700 | 8000 | 9442 | 6609400 | #DIV/0! | |
| 8 | バンダナ | 800 | 7000 | 5520 | 4416000 | #DIV/0! | |
| 9 | ペナント | 800 | 7000 | 7883 | 6306400 | #DIV/0! | |
| 10 | タオル | 1600 | 5000 | 4375 | 7000000 | #DIV/0! | |
| 11 | ポンチョ | 2100 | 2000 | 2413 | 5067300 | #DIV/0! | |
| 12 | ミニボール | 2400 | 1000 | 740 | 1776000 | #DIV/0! | |
| 13 | 合計 | | 53000 | 53791 | 46841400 | | |
| 14 | 平均 | | 5888.889 | 5976.778 | 5204600 | | |
| 15 | | | | | | | |

オートフィルで複写を行うと下表左列のように合計のセル(E13)が
ずれてしまいます。このような式のセル位置と参照するセル位置が
変動する場合を相対参照といいます。

| オートフィルで行った場合 | 必要な計算 |
|---|---|
| E5/E14 | E5/E13 |
| E6/E15 | E6/E13 |
| E7/E16 | E7/E13 |

3) 参照するセル位置が変動しない(固定して参照する)場合は、ま
   ず「=E4/E13」式を入力し、「E13」を入力した後すぐにF・4
   キーを押します。すると参照しているセルに$が付加されます。

| | A | B | C | D | E | F | G |
|---|---|---|---|---|---|---|---|
| 1 | エクセルスタジアム | | | | | | |
| 2 | | | | | | | |
| 3 | 商品名 | 単価 | 目標数 | 販売数 | 売上金額 | 売上比率 | |
| 4 | ステッカー | 600 | 7000 | 7263 | 4357800 | =E4/$E$13 | |
| 5 | フラッグ | 700 | 8000 | 8589 | 6012300 | | |
| 6 | メガホン | 700 | 8000 | 7566 | 5296200 | | |
| 7 | キーホルダー | 700 | 8000 | 9442 | 6609400 | | |
| 8 | バンダナ | 800 | 7000 | 5520 | 4416000 | | |
| 9 | ペナント | 800 | 7000 | 7883 | 6306400 | | |
| 10 | タオル | 1600 | 5000 | 4375 | 7000000 | | |
| 11 | ポンチョ | 2100 | 2000 | 2413 | 5067300 | | |
| 12 | ミニボール | 2400 | 1000 | 740 | 1776000 | | |
| 13 | 合計 | | 53000 | 53791 | 46841400 | | |
| 14 | 平均 | | 5888.889 | 5976.778 | 5204600 | | |
| 15 | | | | | | | |

4) 式を複写します。

| | A | B | C | D | E | F | G |
|---|---|---|---|---|---|---|---|
| 1 | エクセルスタジアム | | | | | | |
| 2 | | | | | | | |
| 3 | 商品名 | 単価 | 目標数 | 販売数 | 売上金額 | 売上比率 | |
| 4 | ステッカー | 600 | 7000 | 7263 | 4357800 | 0.093033 | |
| 5 | フラッグ | 700 | 8000 | 8589 | 6012300 | 0.128354 | |
| 6 | メガホン | 700 | 8000 | 7566 | 5296200 | 0.113067 | |
| 7 | キーホルダー | 700 | 8000 | 9442 | 6609400 | 0.141102 | |
| 8 | バンダナ | 800 | 7000 | 5520 | 4416000 | 0.094276 | |
| 9 | ペナント | 800 | 7000 | 7883 | 6306400 | 0.134633 | |
| 10 | タオル | 1600 | 5000 | 4375 | 7000000 | 0.14944 | |
| 11 | ポンチョ | 2100 | 2000 | 2413 | 5067300 | 0.10818 | |
| 12 | ミニボール | 2400 | 1000 | 740 | 1776000 | 0.037915 | |
| 13 | 合計 | | 53000 | 53791 | 46841400 | | |
| 14 | 平均 | | 5888.889 | 5976.778 | 5204600 | | |
| 15 | | | | | | | |

このように計算を行うセルを固定して参照する場合を絶対参照
といいます。絶対参照にしたセルは式を複写しても変動しません。

## 5-7 書式セル 1 （数値)

1) 売上比率をパーセント表示にします。F4 から F13 まで範囲選択し、パーセントスタイル％をクリックします。

この操作により、売上比率の数値が%表示に変更されます。

| | A | B | C | D | E | F | G |
|---|---|---|---|---|---|---|---|
| 1 | エクセルスタジアム | | | | | | |
| 2 | | | | | | | |
| 3 | 商品名 | 単価 | 目標数 | 販売数 | 売上金額 | 売上比率 | |
| 4 | ステッカー | 600 | 7000 | 7263 | 4357800 | 9% | |
| 5 | フラッグ | 700 | 8000 | 8589 | 6012300 | 13% | |
| 6 | メガホン | 700 | 8000 | 7566 | 5296200 | 11% | |
| 7 | キーホルダー | 700 | 8000 | 9442 | 6609400 | 14% | |
| 8 | バンダナ | 800 | 7000 | 5520 | 4416000 | 9% | |
| 9 | ペナント | 800 | 7000 | 7883 | 6306400 | 13% | |
| 10 | タオル | 1600 | 5000 | 4375 | 7000000 | 15% | |
| 11 | ポンチョ | 2100 | 2000 | 2413 | 5067300 | 11% | |
| 12 | ミニボール | 2400 | 1000 | 740 | 1776000 | 4% | |
| 13 | 合計 | | 53000 | 53791 | 46841400 | | |
| 14 | 平均 | | 5888.889 | 5976.778 | 5204600 | | |
| 15 | | | | | | | |

次に小数の表示をするために▒をクリックします。この操作により小数点以下の桁を表示することができます。

| | A | B | C | D | E | F | G |
|---|---|---|---|---|---|---|---|
| 1 | エクセルスタジアム | | | | | | |
| 2 | | | | | | | |
| 3 | 商品名 | 単価 | 目標数 | 販売数 | 売上金額 | 売上比率 | |
| 4 | ステッカー | 600 | 7000 | 7263 | 4357800 | 9.3% | |
| 5 | フラッグ | 700 | 8000 | 8589 | 6012300 | 12.8% | |
| 6 | メガホン | 700 | 8000 | 7566 | 5296200 | 11.3% | |
| 7 | キーホルダー | 700 | 8000 | 9442 | 6609400 | 14.1% | |
| 8 | バンダナ | 800 | 7000 | 5520 | 4416000 | 9.4% | |
| 9 | ペナント | 800 | 7000 | 7883 | 6306400 | 13.5% | |
| 10 | タオル | 1600 | 5000 | 4375 | 7000000 | 14.9% | |
| 11 | ポンチョ | 2100 | 2000 | 2413 | 5067300 | 10.8% | |
| 12 | ミニボール | 2400 | 1000 | 740 | 1776000 | 3.8% | |
| 13 | 合計 | | 53000 | 53791 | 46841400 | | |
| 14 | 平均 | | 5888.889 | 5976.778 | 5204600 | | |
| 15 | | | | | | | |

小数点以下の桁を増やす(桁上げ)には▒を、桁を減らす(桁下げ)には▒を使います。

2)　次に数値を 3 桁ごとに桁区切りします。下図のように数値のセルを
範囲選択して桁区切りスタイルボタン **,** をクリックします。

| | A | B | C | D | E | F | G |
|---|---|---|---|---|---|---|---|
| 1 | エクセルスタジアム | | | | | | |
| 2 | | | | | | | |
| 3 | 商品名 | 単価 | 目標数 | 販売数 | 売上金額 | 売上比率 | |
| 4 | ステッカー | 600 | 7000 | 7263 | 4357800 | 9.3% | |
| 5 | フラッグ | 700 | 8000 | 8589 | 6012300 | 12.8% | |
| 6 | メガホン | 700 | 8000 | 7566 | 5296200 | 11.3% | |
| 7 | キーホルダー | 700 | 8000 | 9442 | 6609400 | 14.1% | |
| 8 | バンダナ | 800 | 7000 | 5520 | 4416000 | 9.4% | |
| 9 | ペナント | 800 | 7000 | 7883 | 6306400 | 13.5% | |
| 10 | タオル | 1600 | 5000 | 4375 | 7000000 | 14.9% | |
| 11 | ポンチョ | 2100 | 2000 | 2413 | 5067300 | 10.8% | |
| 12 | ミニボール | 2400 | 1000 | 740 | 1776000 | 3.8% | |
| 13 | 合計 | | 53000 | 53791 | 46841400 | | |
| 14 | 平均 | | 5888.889 | 5976.778 | 5204600 | | |
| 15 | | | | | | | |

この操作により、3桁ごと桁区切りの「,」が表示されます。

| | A | B | C | D | E | F | G |
|---|---|---|---|---|---|---|---|
| 1 | エクセルスタジアム | | | | | | |
| 2 | | | | | | | |
| 3 | 商品名 | 単価 | 目標数 | 販売数 | 売上金額 | 売上比率 | |
| 4 | ステッカー | 600 | 7,000 | 7,263 | 4,357,800 | 9.3% | |
| 5 | フラッグ | 700 | 8,000 | 8,589 | 6,012,300 | 12.8% | |
| 6 | メガホン | 700 | 8,000 | 7,566 | 5,296,200 | 11.3% | |
| 7 | キーホルダー | 700 | 8,000 | 9,442 | 6,609,400 | 14.1% | |
| 8 | バンダナ | 800 | 7,000 | 5,520 | 4,416,000 | 9.4% | |
| 9 | ペナント | 800 | 7,000 | 7,883 | 6,306,400 | 13.5% | |
| 10 | タオル | 1,600 | 5,000 | 4,375 | 7,000,000 | 14.9% | |
| 11 | ポンチョ | 2,100 | 2,000 | 2,413 | 5,067,300 | 10.8% | |
| 12 | ミニボール | 2,400 | 1,000 | 740 | 1,776,000 | 3.8% | |
| 13 | 合計 | | 53,000 | 53,791 | 46,841,400 | | |
| 14 | 平均 | | 5,889 | 5,977 | 5,204,600 | | |
| 15 | | | | | | | |

## 5-8 書式セル 2 (文字、配置)

表全体の体裁を整えます。

1) まず項目名を中央揃えにします。「商品名」から「売上金額」まで を範囲選択し、中央揃えボタン■をクリックします。

| | A | B | C | D | E | F | G |
|---|---|---|---|---|---|---|---|
| 1 | エクセルスタジアム | | | | | | |
| 2 | | | | | | | |
| 3 | 商品名 | 単価 | 目標数 | 販売数 | 売上金額 | 売上比率 | |
| 4 | ステッカー | 600 | 7,000 | 7,263 | 4,357,800 | 9.3% | |
| 5 | フラッグ | 700 | 8,000 | 8,589 | 6,012,300 | 12.8% | |
| 6 | メガホン | 700 | 8,000 | 7,566 | 5,296,200 | 11.3% | |
| 7 | キーホルダー | 700 | 8,000 | 9,442 | 6,609,400 | 14.1% | |
| 8 | バンダナ | 800 | 7,000 | 5,520 | 4,416,000 | 9.4% | |
| 9 | ペナント | 800 | 7,000 | 7,883 | 6,306,400 | 13.5% | |
| 10 | タオル | 1,600 | 5,000 | 4,375 | 7,000,000 | 14.9% | |
| 11 | ポンチョ | 2,100 | 2,000 | 2,413 | 5,067,300 | 10.8% | |
| 12 | ミニボール | 2,400 | 1,000 | 740 | 1,776,000 | 3.8% | |
| 13 | 合計 | | 53,000 | 53,791 | 46,841,400 | | |
| 14 | 平均 | | 5,889 | 5,977 | 5,204,600 | | |
| 15 | | | | | | | |

2) 次にセルの背景を設定します。選択範囲はそのままで、ホームタ ブの配置グループ右下にある■「配置の設定」ボタンを選択します。

3) 「セル書式の設定」ダイアログの「塗りつぶし」タブをクリック します。

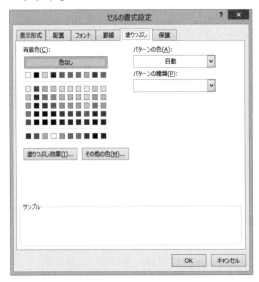

背景色は「色なし」です。パターンの色(A)の▾をクリックして

色を「青、アクセント5」、パターンの種類(P)は「実線左下がり
斜線　縞」にして「OK」ボタンをクリックします。

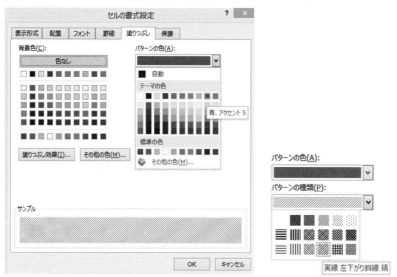

4）「合計」「平均」を中央揃えにします。

| | A | B | C | D | E | F | G |
|---|---|---|---|---|---|---|---|
| 1 | エクセルスタジアム | | | | | | |
| 2 | | | | | | | |
| 3 | 商品名 | 単価 | 目標数 | 販売数 | 売上金額 | 売上比率 | |
| 4 | ステッカー | 600 | 7,000 | 7,263 | 4,357,800 | 9.3% | |
| 5 | フラッグ | 700 | 8,000 | 8,589 | 6,012,300 | 12.8% | |
| 6 | メガホン | 700 | 8,000 | 7,566 | 5,296,200 | 11.3% | |
| 7 | キーホルダー | 700 | 8,000 | 9,442 | 6,609,400 | 14.1% | |
| 8 | バンダナ | 800 | 7,000 | 5,520 | 4,416,000 | 9.4% | |
| 9 | ペナント | 800 | 7,000 | 7,883 | 6,306,400 | 13.5% | |
| 10 | タオル | 1,600 | 5,000 | 4,375 | 7,000,000 | 14.9% | |
| 11 | ポンチョ | 2,100 | 2,000 | 2,413 | 5,067,300 | 10.8% | |
| 12 | ミニボール | 2,400 | 1,000 | 740 | 1,776,000 | 3.8% | |
| 13 | 合計 | | 53,000 | 53,791 | 46,841,400 | | |
| 14 | 平均 | | 5,889 | 5,977 | 5,204,600 | | |
| 15 | | | | | | | |

5）合計の数値をすべて範囲選択し、「太字」**B**ボタンをクリックし数
値を太字で表示します。

| | A | B | C | D | E | F | G |
|---|---|---|---|---|---|---|---|
| 1 | エクセルスタジアム | | | | | | |
| 2 | | | | | | | |
| 3 | 商品名 | 単価 | 目標数 | 販売数 | 売上金額 | 売上比率 | |
| 4 | ステッカー | 600 | 7,000 | 7,263 | 4,357,800 | 9.3% | |
| 5 | フラッグ | 700 | 8,000 | 8,589 | 6,012,300 | 12.8% | |
| 6 | メガホン | 700 | 8,000 | 7,566 | 5,296,200 | 11.3% | |
| 7 | キーホルダー | 700 | 8,000 | 9,442 | 6,609,400 | 14.1% | |
| 8 | バンダナ | 800 | 7,000 | 5,520 | 4,416,000 | 9.4% | |
| 9 | ペナント | 800 | 7,000 | 7,883 | 6,306,400 | 13.5% | |
| 10 | タオル | 1,600 | 5,000 | 4,375 | 7,000,000 | 14.9% | |
| 11 | ポンチョ | 2,100 | 2,000 | 2,413 | 5,067,300 | 10.8% | |
| 12 | ミニボール | 2,400 | 1,000 | 740 | 1,776,000 | 3.8% | |
| 13 | 合計 | | **53,000** | **53,791** | **46,841,400** | | |
| 14 | 平均 | | 5,889 | 5,977 | 5,204,600 | | |
| 15 | | | | | | | |

6）商品名をすべて範囲選択し、「斜体」ボタンをクリックし斜体で表示します。

| | A | B | C | D | E | F | G |
|---|---|---|---|---|---|---|---|
| 1 | エクセルスタジアム | | | | | | |
| 2 | | | | | | | |
| 3 | 商品名 | 単価 | 目標数 | 販売数 | 売上金額 | 売上比率 | |
| 4 | *ステッカー* | 600 | 7,000 | 7,263 | 4,357,800 | 9.3% | |
| 5 | *フラッグ* | 700 | 8,000 | 8,589 | 6,012,300 | 12.8% | |
| 6 | *メガホン* | 700 | 8,000 | 7,566 | 5,296,200 | 11.3% | |
| 7 | *キーホルダー* | 700 | 8,000 | 9,442 | 6,609,400 | 14.1% | |
| 8 | *バンダナ* | 800 | 7,000 | 5,520 | 4,416,000 | 9.4% | |
| 9 | *ペナント* | 800 | 7,000 | 7,883 | 6,306,400 | 13.5% | |
| 10 | *タオル* | 1,600 | 5,000 | 4,375 | 7,000,000 | 14.9% | |
| 11 | *ポンチョ* | 2,100 | 2,000 | 2,413 | 5,067,300 | 10.8% | |
| 12 | *ミニボール* | 2,400 | 1,000 | 740 | 1,776,000 | 3.8% | |
| 13 | 合計 | | 53,000 | 53,791 | 46,841,400 | | |
| 14 | 平均 | | 5,889 | 5,977 | 5,204,600 | | |
| 15 | | | | | | | |

7）表タイトルの「エクセルスタジアム」を整えます。ホームタブのフォントグループでフォントを「MS ゴシック」に、フォントサイズを「14」にします。

| | A | B | C | D | E | F | G |
|---|---|---|---|---|---|---|---|
| 1 | エクセルスタジアム | | | | | | |
| 2 | | | | | | | |
| 3 | 商品名 | 単価 | 目標数 | 販売数 | 売上金額 | 売上比率 | |
| 4 | *ステッカー* | 600 | 7,000 | 7,263 | 4,357,800 | 9.3% | |
| 5 | *フラッグ* | 700 | 8,000 | 8,589 | 6,012,300 | 12.8% | |
| 6 | *メガホン* | 700 | 8,000 | 7,566 | 5,296,200 | 11.3% | |
| 7 | *キーホルダー* | 700 | 8,000 | 9,442 | 6,609,400 | 14.1% | |
| 8 | *バンダナ* | 800 | 7,000 | 5,520 | 4,416,000 | 9.4% | |
| 9 | *ペナント* | 800 | 7,000 | 7,883 | 6,306,400 | 13.5% | |
| 10 | *タオル* | 1,600 | 5,000 | 4,375 | 7,000,000 | 14.9% | |
| 11 | *ポンチョ* | 2,100 | 2,000 | 2,413 | 5,067,300 | 10.8% | |
| 12 | *ミニボール* | 2,400 | 1,000 | 740 | 1,776,000 | 3.8% | |
| 13 | 合計 | | 53,000 | 53,791 | 46,841,400 | | |
| 14 | 平均 | | 5,889 | 5,977 | 5,204,600 | | |
| 15 | | | | | | | |

8）次に、表の幅（A1からF1）を範囲選択し、「セルを結合して中央揃え」ボタンをクリックします。この操作により、「選択範囲内で中央揃え」が行われます。

| | A | B | C | D | E | F | G |
|---|---|---|---|---|---|---|---|
| 1 | エクセルスタジアム | | | | | | |
| 2 | | | | | | | |
| 3 | 商品名 | 単価 | 目標数 | 販売数 | 売上金額 | 売上比率 | |
| 4 | *ステッカー* | 600 | 7,000 | 7,263 | 4,357,800 | 9.3% | |
| 5 | *フラッグ* | 700 | 8,000 | 8,589 | 6,012,300 | 12.8% | |
| 6 | *メガホン* | 700 | 8,000 | 7,566 | 5,296,200 | 11.3% | |
| 7 | *キーホルダー* | 700 | 8,000 | 9,442 | 6,609,400 | 14.1% | |
| 8 | *バンダナ* | 800 | 7,000 | 5,520 | 4,416,000 | 9.4% | |
| 9 | *ペナント* | 800 | 7,000 | 7,883 | 6,306,400 | 13.5% | |
| 10 | *タオル* | 1,600 | 5,000 | 4,375 | 7,000,000 | 14.9% | |
| 11 | *ポンチョ* | 2,100 | 2,000 | 2,413 | 5,067,300 | 10.8% | |
| 12 | *ミニボール* | 2,400 | 1,000 | 740 | 1,776,000 | 3.8% | |
| 13 | 合計 | | 53,000 | 53,791 | 46,841,400 | | |
| 14 | 平均 | | 5,889 | 5,977 | 5,204,600 | | |
| 15 | | | | | | | |

## 5-9 罫線

1)　表に罫線を引きます。まず、下図のように(A3:F14)罫線を引く範
囲を選択します。　次に罫線■・ボタンの・をクリックしてから、「格
子」⊞を選択します。

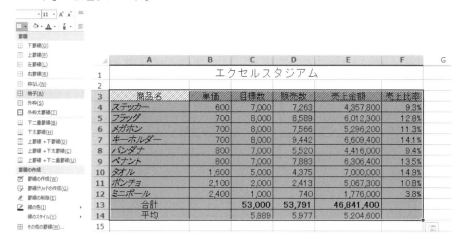

2)　続いて「外枠太罫線」▫ボタンを選択します。

3）完成

| | A | B | C | D | E | F | G |
|---|---|---|---|---|---|---|---|
| 1 | エクセルスタジアム | | | | | | |
| 2 | | | | | | | |
| 3 | 商品名 | 単価 | 目標数 | 販売数 | 売上金額 | 売上比率 | |
| 4 | ステッカー | 600 | 7,000 | 7,263 | 4,357,800 | 9.3% | |
| 5 | フラッグ | 700 | 8,000 | 8,589 | 6,012,300 | 12.8% | |
| 6 | メガホン | 700 | 8,000 | 7,566 | 5,296,200 | 11.3% | |
| 7 | キーホルダー | 700 | 8,000 | 9,442 | 6,609,400 | 14.1% | |
| 8 | バンダナ | 800 | 7,000 | 5,520 | 4,416,000 | 9.4% | |
| 9 | ペナント | 800 | 7,000 | 7,883 | 6,306,400 | 13.5% | |
| 10 | タオル | 1,600 | 5,000 | 4,375 | 7,000,000 | 14.9% | |
| 11 | ポンチョ | 2,100 | 2,000 | 2,413 | 5,067,300 | 10.8% | |
| 12 | ミニボール | 2,400 | 1,000 | 740 | 1,776,000 | 3.8% | |
| 13 | 合計 | | 53,000 | 53,791 | 46,841,400 | | |
| 14 | 平均 | | 5,889 | 5,977 | 5,204,600 | | |
| 15 | | | | | | | |

Sheet1 ⊕

# Coffee break

## 5-10 Excel 練習問題 1

[データ]を使い、[処理条件]にしたがって[出力例]のように表を完成しなさい。

[データ]

| CO | 県名 | 2007年 | 2017年 |
|---|---|---|---|
| 31 | 鳥取県 | 31000 | 27000 |
| 32 | 島根県 | 36000 | 33000 |
| 33 | 岡山県 | 96000 | 95000 |
| 34 | 広島県 | 141000 | 137000 |
| 35 | 山口県 | 68000 | 65000 |
| 36 | 徳島県 | 40000 | 34000 |
| 37 | 香川県 | 49000 | 47000 |
| 38 | 愛媛県 | 71000 | 64000 |
| 39 | 高知県 | 34000 | 33000 |

[処理条件]

(ア)[出力例]のような表を作成しなさい(---- の部分は空白とする)。

(イ)増減数＝2017年－2007年

(ウ)増減率＝増減数÷2007年(%の小数第1位未満四捨五入で表示する)

(エ)合計・平均(整数未満四捨五入で表示する)を求めなさい。

(オ)罫線の太線と細線を区別する(外枠は太線とする)。

[出力例]

中四国各県の 15～19 歳人口（推計）の推移

| CO | 県名 | 2007年 | 2017年 | 増減数 | 増減率 |
|---|---|---|---|---|---|
| 31 | 鳥取県 | 31,000 | 27,000 | -4,000 | -12.9% |

(途中省略)

| ---- | 合計 | | | | ---- |
|---|---|---|---|---|---|
| ---- | 平均 | | | | ---- |

応用編

## 5-11 表作成の復習

サンプルデータを入力します。文字、数値の入力と配置を整えます。

オートサムで合計を、関数の挿入を使って平均を求めます。

1）オートサム Σ を使って、札幌の前期観客数と後期観客数の合計
　　を求めます。またオートフィルですべての競技場の合計を求め
　　ます。

2）次に全国の合計を求めます。

3）全国の平均を求めます。C14 にカーソルを置き、関数の挿入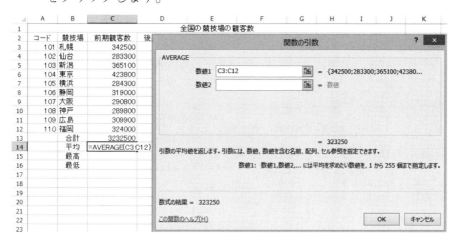
をクリックし平均(AVERAGE)を選びます。数値1に札幌から
福岡の前期観客数（C3 から C12）を範囲選択し、OK ボタン
をクリックします。

4）平均が求められました。

5）関数を複写します。

## 5-12 関数 3　最大値(MAX)と最小値(MIN)

全国の観客数のうち、最高と最低の観客数を求めます。

最高観客数は最大値(MAX)、最低観客数は最小値(MIN)という関数を使います。

1）まず最高観客数を求めます。C15 にカーソルを置き、関数の挿入をク
リックします。

関数の分類はすべて表示を選び、関数名一覧の中から MAX を選びま
す

2）数値 1 に最大値を求める範囲を入力します。ここではセル C3 から
C12 までを範囲指定し、OK ボタンをクリックします。

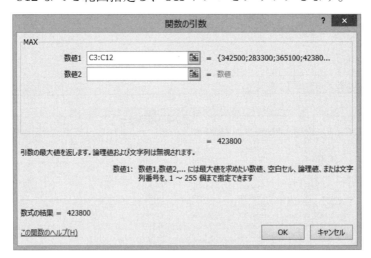

3）C15 に最高観客数が求められました。関数の複写をしましょう。

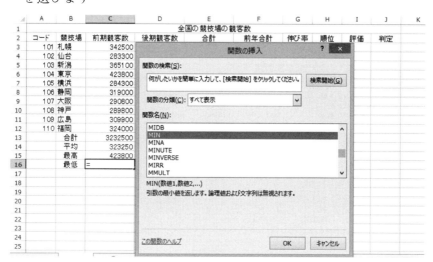

4）次に最小値を求めます。C16 にカーソルを置き、関数の挿入をクリックします。関数の分類はすべて表示を選び、関数名一覧の中から MIN を選びます

5）数値 1 に最小値を求める範囲を入力します。ここではセル C3 から C12 までを範囲指定し、OK ボタンをクリックします。

6）C16 に最低観客数が求められました。関数の複写をしましょう。

| | A | B | C | D | E | F | G | H | I | J | K |
|---|---|---|---|---|---|---|---|---|---|---|---|
| 1 | | | | | 全国の競技場の観客数 | | | | | | |
| 2 | コード | 競技場 | 前期観客数 | 後期観客数 | 合計 | 前年合計 | 伸び率 | 順位 | 評価 | 判定 | |
| 3 | 101 | 札幌 | 342500 | 361100 | 703600 | 444100 | | | | | |
| 4 | 102 | 仙台 | 283300 | 245300 | 528600 | 565300 | | | | | |
| 5 | 103 | 新潟 | 365100 | 298900 | 664000 | 588000 | | | | | |
| 6 | 104 | 東京 | 423800 | 510200 | 934000 | 827300 | | | | | |
| 7 | 105 | 横浜 | 284300 | 365500 | 649800 | 744400 | | | | | |
| 8 | 106 | 静岡 | 319000 | 294500 | 613500 | 556800 | | | | | |
| 9 | 107 | 大阪 | 290800 | 312600 | 603400 | 648200 | | | | | |
| 10 | 108 | 神戸 | 289800 | 200300 | 490100 | 476700 | | | | | |
| 11 | 109 | 広島 | 309900 | 316700 | 626600 | 626100 | | | | | |
| 12 | 110 | 福岡 | 324000 | 401900 | 725900 | 640300 | | | | | |
| 13 | | 合計 | 3232500 | 3307000 | 6539500 | 6117200 | | | | | |
| 14 | | 平均 | 323250 | 330700 | 653950 | 611720 | | | | | |
| 15 | | 最高 | 423800 | 510200 | 934000 | 827300 | | | | | |
| 16 | | 最低 | 283300 | | | | | | | | |
| 17 | | | | | | | | | | | |

7）数値、関数の入ったセルを範囲選択し、桁区切りスタイルを適用します。

## 5-13 関数4　切り捨て(ROUNDDOWN)

前期観客数から後期観客数への伸び率を求め、小数第2位未満を切り捨てます。
切り捨ては ROUNDDOWN という関数を使います。

1）まず札幌競技場の伸び率を求めます。G3にカーソルを置き、関数の
　挿入をクリックします。関数の分類はすべて表示を選び、関数名一覧
　の中から ROUNDDOWN を選びます。

2）数値に式 後期観客数÷前期観客数－1 を入力します。

3）桁数に2を入力し小数第2位未満は切り捨て OK ボタンをクリック
　します。

4）小数第2位未満を切り捨てした伸び率が求められました。

| | A | B | C | D | E | F | G | H | I | J | K |
|---|---|---|---|---|---|---|---|---|---|---|---|
| 1 | | | | | 全国の競技場の観客数 | | | | | | |
| 2 | コード | 競技場 | 前期観客数 | 後期観客数 | 合計 | 前年合計 | 伸び率 | 順位 | 評価 | 判定 | |
| 3 | 101 | 札幌 | 342,500 | 361,100 | 703,600 | 444,100 | 0.05 | | | | |
| 4 | 102 | 仙台 | 283,300 | 245,300 | 528,600 | 565,300 | | | | | |
| 5 | 103 | 新潟 | 365,100 | 298,900 | 664,000 | 588,000 | | | | | |
| 6 | 104 | 東京 | 423,800 | 510,200 | 934,000 | 827,300 | | | | | |
| 7 | 105 | 横浜 | 284,300 | 365,500 | 649,800 | 744,400 | | | | | |
| 8 | 106 | 静岡 | 319,000 | 294,500 | 613,500 | 556,800 | | | | | |
| 9 | 107 | 大阪 | 290,800 | 312,600 | 603,400 | 648,200 | | | | | |
| 10 | 108 | 神戸 | 289,800 | 200,300 | 490,100 | 476,700 | | | | | |
| 11 | 109 | 広島 | 309,900 | 316,700 | 626,600 | 626,100 | | | | | |
| 12 | 110 | 福岡 | 324,000 | 401,900 | 725,900 | 640,300 | | | | | |
| 13 | | 合計 | 3,232,500 | 3,307,000 | 6,539,500 | 6,117,200 | | | | | |
| 14 | | 平均 | 323,250 | 330,700 | 653,950 | 611,720 | | | | | |
| 15 | | 最高 | 423,800 | 510,200 | 934,000 | 827,300 | | | | | |
| 16 | | 最低 | 283,300 | 200,300 | 490,100 | 444,100 | | | | | |
| 17 | | | | | | | | | | | |

5）G3の式をG12まで複写します。

| | A | B | C | D | E | F | G | H | I | J | K |
|---|---|---|---|---|---|---|---|---|---|---|---|
| 1 | | | | | 全国の競技場の観客数 | | | | | | |
| 2 | コード | 競技場 | 前期観客数 | 後期観客数 | 合計 | 前年合計 | 伸び率 | 順位 | 評価 | 判定 | |
| 3 | 101 | 札幌 | 342,500 | 361,100 | 703,600 | 444,100 | 0.05 | | | | |
| 4 | 102 | 仙台 | 283,300 | 245,300 | 528,600 | 565,300 | -0.13 | | | | |
| 5 | 103 | 新潟 | 365,100 | 298,900 | 664,000 | 588,000 | -0.18 | | | | |
| 6 | 104 | 東京 | 423,800 | 510,200 | 934,000 | 827,300 | 0.2 | | | | |
| 7 | 105 | 横浜 | 284,300 | 365,500 | 649,800 | 744,400 | 0.28 | | | | |
| 8 | 106 | 静岡 | 319,000 | 294,500 | 613,500 | 556,800 | -0.07 | | | | |
| 9 | 107 | 大阪 | 290,800 | 312,600 | 603,400 | 648,200 | 0.07 | | | | |
| 10 | 108 | 神戸 | 289,800 | 200,300 | 490,100 | 476,700 | -0.3 | | | | |
| 11 | 109 | 広島 | 309,900 | 316,700 | 626,600 | 626,100 | 0.02 | | | | |
| 12 | 110 | 福岡 | 324,000 | 401,900 | 725,900 | 640,300 | 0.24 | | | | |
| 13 | | 合計 | 3,232,500 | 3,307,000 | 6,539,500 | 6,117,200 | | | | | |
| 14 | | 平均 | 323,250 | 330,700 | 653,950 | 611,720 | | | | | |
| 15 | | 最高 | 423,800 | 510,200 | 934,000 | 827,300 | | | | | |
| 16 | | 最低 | 283,300 | 200,300 | 490,100 | 444,100 | | | | | |
| 17 | | | | | | | | | | | |

ちなみに、切り上げの場合には ROUNDUP、四捨五入の場合には ROUND という関数を使います。

| 関数名 | 機能 |
|---|---|
| ROUND | 四捨五入 |
| ROUNDUP | 切り上げ |
| ROUNDDOWN | 切り捨て |

また整数の桁数は整数未満の場合は「0」、整数10位未満の場合は「－1」、整数100位未満の場合は「－2」のように桁が上がるごとに0から負数で示します。

## 5-14 関数5 順位付け(RANK)

今年の観客数合計の多い方から順位を付けます。

順位を付けるには RANK という関数を使います。

1) はじめに札幌競技場の観客数合計の順位を求めます。H3 にカーソルを置き、関数の挿入をクリックします。関数の分類はすべて表示を選び、関数名一覧の中から RANK を選びます。

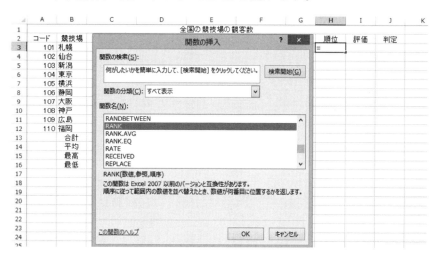

2) まず順位を調べたい数値を選びます。ここでは札幌の観客数合計を選びます。数値欄に移動し E3 を入力します。

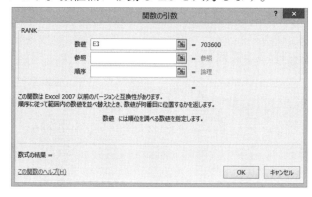

3) 次に順位を参照する範囲を選択します。ここでは全国の観客数合計 E3 から E12 までを範囲選択します。

順位を調べる範囲は位置が変わりませんから、F4 キーを押して絶対参照にします（＄マークが付加されます）。

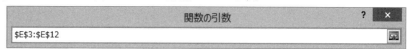

4）順序には 0 を入力すると降順、つまり範囲内で数値が大きいものから
1、2、……と順位付けをすることをあらわし、0 以外の正の整数を入
力すると昇順、つまり数値が小さいものから順位付けをすることをあ
らわします。ここでは降順の 0 を指定し、OK ボタンをクリックしま
す。

| | A | B | C | D | E | F | G | H | I | J | K |
|---|---|---|---|---|---|---|---|---|---|---|---|
| 1 | | | | 全国の競技場の観客数 | | | | | | | |
| 2 | コード | 競技場 | 前期観客数 | 後期観客数 | 合計 | 前年合計 | 伸び率 | 順位 | 評価 | 判定 | |
| 3 | 101 | 札幌 | 342,500 | 361,100 | 703,600 | 444,100 | 0.05 | 3 | | | |
| 4 | 102 | 仙台 | 283,300 | 245,300 | 528,600 | 565,300 | -0.13 | | | | |
| 5 | 103 | 新潟 | 365,100 | 298,900 | 664,000 | 588,000 | -0.18 | | | | |
| 6 | 104 | 東京 | 423,800 | 510,200 | 934,000 | 827,300 | 0.2 | | | | |
| 7 | 105 | 横浜 | 284,300 | 365,500 | 649,800 | 744,400 | 0.28 | | | | |
| 8 | 106 | 静岡 | 319,000 | 294,500 | 613,500 | 556,800 | -0.07 | | | | |
| 9 | 107 | 大阪 | 290,800 | 312,600 | 603,400 | 648,200 | 0.07 | | | | |
| 10 | 108 | 神戸 | 289,800 | 200,300 | 490,100 | 476,700 | -0.3 | | | | |
| 11 | 109 | 広島 | 309,900 | 316,700 | 626,600 | 626,100 | 0.02 | | | | |
| 12 | 110 | 福岡 | 324,000 | 401,900 | 725,900 | 640,300 | 0.24 | | | | |
| 13 | | 合計 | 3,232,500 | 3,307,000 | 6,539,500 | 6,117,200 | | | | | |
| 14 | | 平均 | 323,250 | 330,700 | 653,950 | 611,720 | | | | | |
| 15 | | 最高 | 423,800 | 510,200 | 934,000 | 827,300 | | | | | |
| 16 | | 最低 | 283,300 | 200,300 | 490,100 | 444,100 | | | | | |
| 17 | | | | | | | | | | | |

5）H3 の式を H12 まで複写します。

| | A | B | C | D | E | F | G | H | I | J | K |
|---|---|---|---|---|---|---|---|---|---|---|---|
| 1 | | | | 全国の競技場の観客数 | | | | | | | |
| 2 | コード | 競技場 | 前期観客数 | 後期観客数 | 合計 | 前年合計 | 伸び率 | 順位 | 評価 | 判定 | |
| 3 | 101 | 札幌 | 342,500 | 361,100 | 703,600 | 444,100 | 0.05 | 3 | | | |
| 4 | 102 | 仙台 | 283,300 | 245,300 | 528,600 | 565,300 | -0.13 | 9 | | | |
| 5 | 103 | 新潟 | 365,100 | 298,900 | 664,000 | 588,000 | -0.18 | 4 | | | |
| 6 | 104 | 東京 | 423,800 | 510,200 | 934,000 | 827,300 | 0.2 | 1 | | | |
| 7 | 105 | 横浜 | 284,300 | 365,500 | 649,800 | 744,400 | 0.28 | 5 | | | |
| 8 | 106 | 静岡 | 319,000 | 294,500 | 613,500 | 556,800 | -0.07 | 7 | | | |
| 9 | 107 | 大阪 | 290,800 | 312,600 | 603,400 | 648,200 | 0.07 | 8 | | | |
| 10 | 108 | 神戸 | 289,800 | 200,300 | 490,100 | 476,700 | -0.3 | 10 | | | |
| 11 | 109 | 広島 | 309,900 | 316,700 | 626,600 | 626,100 | 0.02 | 6 | | | |
| 12 | 110 | 福岡 | 324,000 | 401,900 | 725,900 | 640,300 | 0.24 | 2 | | | |
| 13 | | 合計 | 3,232,500 | 3,307,000 | 6,539,500 | 6,117,200 | | | | | |
| 14 | | 平均 | 323,250 | 330,700 | 653,950 | 611,720 | | | | | |
| 15 | | 最高 | 423,800 | 510,200 | 934,000 | 827,300 | | | | | |
| 16 | | 最低 | 283,300 | 200,300 | 490,100 | 444,100 | | | | | |
| 17 | | | | | | | | | | | |

## 5-15 関数6　判定(ＩＦ)その１

今年の観客数合計が前年合計以上であるかどうかで評価を行います。

ある条件が満たされるかどうかを論理式で求め、その結果を表示したり計算を行ったりするには IF という関数を使います。

1) まず札幌競技場の評価を求めます。I3 にカーソルを置き、関数の挿入をクリックします。

関数の分類はすべて表示を選び、関数名一覧の中からＩＦを選びます。

2) 評価するために論理式を入力します。左辺は今年の観客数合計である E3 を、右辺は前年の合計である F3 を、間に以上(>=)を示す記号を入力し左辺と右辺とを比較する式を入力します。記号は半角で入力します。

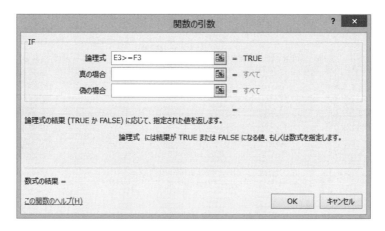

3）論理式が真の場合、つまり今年の観客数合計が前年合計以上の場合には○を表示し、また論理式が偽の場合、つまり今年の観客数合計が前年合計未満の場合には▲を表示するようにそれぞれの欄に入力します。

○Kボタンをクリックすると、札幌の評価が表示されます。

| | A | B | C | D | E | F | G | H | I | J | K |
|---|---|---|---|---|---|---|---|---|---|---|---|
| 1 | | | | 全国の競技場の観客数 | | | | | | | |
| 2 | コード | 競技場 | 前期観客数 | 後期観客数 | 合計 | 前年合計 | 伸び率 | 順位 | 評価 | 判定 | |
| 3 | 101 | 札幌 | 342,500 | 361,100 | 703,600 | 444,100 | 0.05 | 3 | ○ | | |
| 4 | 102 | 仙台 | 283,300 | 245,300 | 528,600 | 565,300 | -0.13 | 9 | | | |
| 5 | 103 | 新潟 | 365,100 | 298,900 | 664,000 | 588,000 | -0.18 | 4 | | | |
| 6 | 104 | 東京 | 423,800 | 510,200 | 934,000 | 827,300 | 0.2 | 1 | | | |
| 7 | 105 | 横浜 | 284,300 | 365,500 | 649,800 | 744,400 | 0.28 | 5 | | | |
| 8 | 106 | 静岡 | 319,000 | 294,500 | 613,500 | 556,800 | -0.07 | 7 | | | |
| 9 | 107 | 大阪 | 290,800 | 312,600 | 603,400 | 648,200 | 0.07 | 8 | | | |
| 10 | 108 | 神戸 | 289,800 | 200,300 | 490,100 | 476,700 | -0.3 | 10 | | | |
| 11 | 109 | 広島 | 309,900 | 316,700 | 626,600 | 626,100 | 0.02 | 6 | | | |
| 12 | 110 | 福岡 | 324,000 | 401,900 | 725,900 | 640,300 | 0.24 | 2 | | | |
| 13 | | 合計 | 3,232,500 | 3,307,000 | 6,539,500 | 6,117,200 | | | | | |
| 14 | | 平均 | 323,250 | 330,700 | 653,950 | 611,720 | | | | | |
| 15 | | 最高 | 423,800 | 510,200 | 934,000 | 827,300 | | | | | |
| 16 | | 最低 | 283,300 | 200,300 | 490,100 | 444,100 | | | | | |
| 17 | | | | | | | | | | | |

4）I3 の式を I12 まで複写し、中央揃えにします。

| | A | B | C | D | E | F | G | H | I | J | K |
|---|---|---|---|---|---|---|---|---|---|---|---|
| 1 | | | | 全国の競技場の観客数 | | | | | | | |
| 2 | コード | 競技場 | 前期観客数 | 後期観客数 | 合計 | 前年合計 | 伸び率 | 順位 | 評価 | 判定 | |
| 3 | 101 | 札幌 | 342,500 | 361,100 | 703,600 | 444,100 | 0.05 | 3 | ○ | | |
| 4 | 102 | 仙台 | 283,300 | 245,300 | 528,600 | 565,300 | -0.13 | 9 | ▲ | | |
| 5 | 103 | 新潟 | 365,100 | 298,900 | 664,000 | 588,000 | -0.18 | 4 | ○ | | |
| 6 | 104 | 東京 | 423,800 | 510,200 | 934,000 | 827,300 | 0.2 | 1 | ○ | | |
| 7 | 105 | 横浜 | 284,300 | 365,500 | 649,800 | 744,400 | 0.28 | 5 | ▲ | | |
| 8 | 106 | 静岡 | 319,000 | 294,500 | 613,500 | 556,800 | -0.07 | 7 | ○ | | |
| 9 | 107 | 大阪 | 290,800 | 312,600 | 603,400 | 648,200 | 0.07 | 8 | ▲ | | |
| 10 | 108 | 神戸 | 289,800 | 200,300 | 490,100 | 476,700 | -0.3 | 10 | ○ | | |
| 11 | 109 | 広島 | 309,900 | 316,700 | 626,600 | 626,100 | 0.02 | 6 | ○ | | |
| 12 | 110 | 福岡 | 324,000 | 401,900 | 725,900 | 640,300 | 0.24 | 2 | ○ | | |
| 13 | | 合計 | 3,232,500 | 3,307,000 | 6,539,500 | 6,117,200 | | | | | |
| 14 | | 平均 | 323,250 | 330,700 | 653,950 | 611,720 | | | | | |
| 15 | | 最高 | 423,800 | 510,200 | 934,000 | 827,300 | | | | | |
| 16 | | 最低 | 283,300 | 200,300 | 490,100 | 444,100 | | | | | |
| 17 | | | | | | | | | | | |

## 5-16 関数 7　判定(ＩF)その 2

　判定表をもとに今年の観客数合計から「A」「B」「C」の判定を行います。

　ここでも IF という関数を使います。3 つ以上の結果として判定する場合には IF を 2 回以上重ねて使います。

[判定表]

| 今年の観客数合計 | | 判定 | |
|---|---|---|---|
| 700,000 以上 | | A | ① |
| 500,000 以上 | 700,000 未満 | B | ② |
| | 500,000 未満 | C | ③ |

---

　この判定表の場合、今年の観客数合計の数値によって 3 つの結果にわかれます。IF は 1 つの論理式を使って 2 つの結果に分けるので、IF を入れ子にして 2 つの論理式を使い 3 つの結果に分けることができます。

IF(論理式 1, 真, 偽)
　　　　　　①　　↑IF(論理式 2, 真, 偽)　　⇒　　IF(論理式 1, 真, IF(論理式 2, 真, 偽))
　　　　　　　　　　　　　　②　　③　　　　　　　　①　　　　　　②　　③

　つまり、一つめの IF で、今年の観客数合計が 700,000 以上であるという論理式として「A」か「A」でないか(したがって「B」、「C」のどちらかになる)を判定し、二つめの IF で、今年の観客数合計が 500,000 以上であるという論理式として「B」か「B」でないか(したがって残りの「C」になる)を判定する式を作るということです。

---

1)　まず札幌競技場を判定します。J3 にカーソルを置き、関数の挿入をクリックします。

　　関数の分類はすべて表示を選び、関数名一覧の中からＩF を選びます。

2） 1 つめの IF は、今年の観客数合計が 700,000 以上かどうかで判定を行います。左辺は今年の観客数合計である E3 を、右辺は 700000 を、間に以上(>=)を示す記号を入力し、左辺と右辺とを比較する式を入力します。

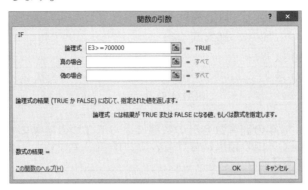

3） 論理式が真の場合、つまり 700,000 以上の場合には A を表示するように入力します。

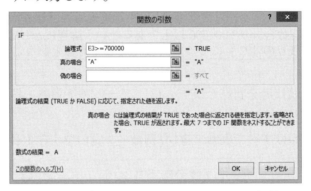

4） また論理式が偽の場合、つまり 700,000 未満の場合にはさらに IF を追加して判定します。偽の場合に移動し、名前ボックスに表示される関数名から IF を選びます。

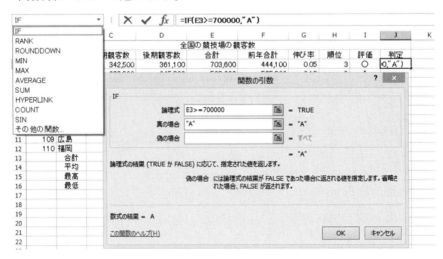

２つめの IF は、今年の観客数合計が 500,000 以上かどうかで判定を行います。左辺は今年の観客数合計である E3 を、右辺は 500000 を、間に以上(>=)を示す記号を入力し、左辺と右辺とを比較する式を入力します。

5）論理式が真の場合、つまり 500,000 以上の場合には B を表示するように入力します。

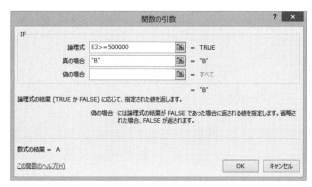

6）論理式が偽の場合、つまり 500,000 未満の場合には残りの C を表示するように入力します。

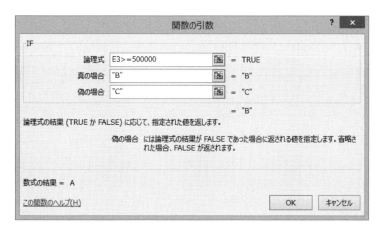

7）ＯＫボタンをクリックすると、札幌の判定が表示されます。

| | A | B | C | D | E | F | G | H | I | J | K |
|---|---|---|---|---|---|---|---|---|---|---|---|
| 1 | | | | | 全国の競技場の観客数 | | | | | | |
| 2 | コード | 競技場 | 前期観客数 | 後期観客数 | 合計 | 前年合計 | 伸び率 | 順位 | 評価 | 判定 | |
| 3 | 101 | 札幌 | 342,500 | 361,100 | 703,600 | 444,100 | 0.05 | 3 | ○ | A | |
| 4 | 102 | 仙台 | 283,300 | 245,300 | 528,600 | 565,300 | -0.13 | 9 | ▲ | | |
| 5 | 103 | 新潟 | 365,100 | 298,900 | 664,000 | 588,000 | -0.18 | 4 | ○ | | |
| 6 | 104 | 東京 | 423,800 | 510,200 | 934,000 | 827,300 | 0.2 | 1 | ○ | | |
| 7 | 105 | 横浜 | 284,300 | 365,500 | 649,800 | 744,400 | 0.28 | 5 | ▲ | | |
| 8 | 106 | 静岡 | 319,000 | 294,500 | 613,500 | 556,800 | -0.07 | 7 | ○ | | |
| 9 | 107 | 大阪 | 290,800 | 312,600 | 603,400 | 648,200 | 0.07 | 8 | ▲ | | |
| 10 | 108 | 神戸 | 289,800 | 200,300 | 490,100 | 476,700 | -0.3 | 10 | ○ | | |
| 11 | 109 | 広島 | 309,900 | 316,700 | 626,600 | 626,100 | 0.02 | 6 | ○ | | |
| 12 | 110 | 福岡 | 324,000 | 401,900 | 725,900 | 640,300 | 0.24 | 2 | ○ | | |
| 13 | | 合計 | 3,232,500 | 3,307,000 | 6,539,500 | 6,117,200 | | | | | |
| 14 | | 平均 | 323,250 | 330,700 | 653,950 | 611,720 | | | | | |
| 15 | | 最高 | 423,800 | 510,200 | 934,000 | 827,300 | | | | | |
| 16 | | 最低 | 283,300 | 200,300 | 490,100 | 444,100 | | | | | |
| 17 | | | | | | | | | | | |

8）J3の式をJ12まで複写し、中央揃えにします。

| | A | B | C | D | E | F | G | H | I | J | K |
|---|---|---|---|---|---|---|---|---|---|---|---|
| 1 | | | | | 全国の競技場の観客数 | | | | | | |
| 2 | コード | 競技場 | 前期観客数 | 後期観客数 | 合計 | 前年合計 | 伸び率 | 順位 | 評価 | 判定 | |
| 3 | 101 | 札幌 | 342,500 | 361,100 | 703,600 | 444,100 | 0.05 | 3 | ○ | A | |
| 4 | 102 | 仙台 | 283,300 | 245,300 | 528,600 | 565,300 | -0.13 | 9 | ▲ | B | |
| 5 | 103 | 新潟 | 365,100 | 298,900 | 664,000 | 588,000 | -0.18 | 4 | ○ | B | |
| 6 | 104 | 東京 | 423,800 | 510,200 | 934,000 | 827,300 | 0.2 | 1 | ○ | A | |
| 7 | 105 | 横浜 | 284,300 | 365,500 | 649,800 | 744,400 | 0.28 | 5 | ▲ | B | |
| 8 | 106 | 静岡 | 319,000 | 294,500 | 613,500 | 556,800 | -0.07 | 7 | ○ | B | |
| 9 | 107 | 大阪 | 290,800 | 312,600 | 603,400 | 648,200 | 0.07 | 8 | ▲ | B | |
| 10 | 108 | 神戸 | 289,800 | 200,300 | 490,100 | 476,700 | -0.3 | 10 | ○ | C | |
| 11 | 109 | 広島 | 309,900 | 316,700 | 626,600 | 626,100 | 0.02 | 6 | ○ | B | |
| 12 | 110 | 福岡 | 324,000 | 401,900 | 725,900 | 640,300 | 0.24 | 2 | ○ | A | |
| 13 | | 合計 | 3,232,500 | 3,307,000 | 6,539,500 | 6,117,200 | | | | | |
| 14 | | 平均 | 323,250 | 330,700 | 653,950 | 611,720 | | | | | |
| 15 | | 最高 | 423,800 | 510,200 | 934,000 | 827,300 | | | | | |
| 16 | | 最低 | 283,300 | 200,300 | 490,100 | 444,100 | | | | | |
| 17 | | | | | | | | | | | |

## 5-17 並べ替え

後期観客数をもとに観客数の多いほうから(降順に)表を並べ替えます。

1) まず並べ替えを行う範囲を指定します。タイトル行として項目名の行
も含むので A2 から J12 までをドラッグして範囲指定します。
次にデータタブを選び、「並べ替え」ボタンをクリックします。

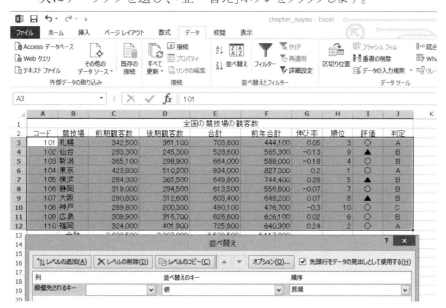

2) 先頭行をデータの見出しとして使用するにチェックを入れます。並べ
替えの条件として、最優先されるキーは後期観客数を選び、並べ替え
のキーは値を選び、順序は降順を選びます。

3）　OK ボタンをクリックすると並べ替えが行われます。

| | A | B | C | D | E | F | G | H | I | J | K |
|---|---|---|---|---|---|---|---|---|---|---|---|
| 1 | | | | 全国の競技場の観客数 | | | | | | | |
| 2 | コード | 競技場 | 前期観客数 | 後期観客数 | 合計 | 前年合計 | 伸び率 | 順位 | 評価 | 判定 | |
| 3 | 104 | 東京 | 423,800 | 510,200 | 934,000 | 827,300 | 0.2 | 1 | ○ | A | |
| 4 | 110 | 福岡 | 324,000 | 401,900 | 725,900 | 640,300 | 0.24 | 2 | ○ | A | |
| 5 | 105 | 横浜 | 284,300 | 365,500 | 649,800 | 744,400 | 0.28 | 5 | ▲ | B | |
| 6 | 101 | 札幌 | 342,500 | 361,100 | 703,600 | 444,100 | 0.05 | 3 | ○ | A | |
| 7 | 109 | 広島 | 309,900 | 316,700 | 626,600 | 626,100 | 0.02 | 6 | ○ | B | |
| 8 | 107 | 大阪 | 290,800 | 312,600 | 603,400 | 648,200 | 0.07 | 8 | ▲ | B | |
| 9 | 103 | 新潟 | 365,100 | 298,900 | 664,000 | 588,000 | -0.18 | 4 | ○ | B | |
| 10 | 106 | 静岡 | 319,000 | 294,500 | 613,500 | 556,800 | -0.07 | 7 | ○ | B | |
| 11 | 102 | 仙台 | 283,300 | 245,300 | 528,600 | 565,300 | -0.13 | 9 | ▲ | B | |
| 12 | 108 | 神戸 | 289,800 | 200,300 | 490,100 | 476,700 | -0.3 | 10 | ○ | C | |
| 13 | | 合計 | 3,232,500 | 3,307,000 | 6,539,500 | 6,117,200 | | | | | |
| 14 | | 平均 | 323,250 | 330,700 | 653,950 | 611,720 | | | | | |
| 15 | | 最高 | 423,800 | 510,200 | 934,000 | 827,300 | | | | | |
| 16 | | 最低 | 283,300 | 200,300 | 490,100 | 444,100 | | | | | |
| 17 | | | | | | | | | | | |

4）　罫線ボタンを使い、表に格子と、外枠太罫線を引いたら完成です。

| | A | B | C | D | E | F | G | H | I | J | K |
|---|---|---|---|---|---|---|---|---|---|---|---|
| 1 | | | | 全国の競技場の観客数 | | | | | | | |
| 2 | コード | 競技場 | 前期観客数 | 後期観客数 | 合計 | 前年合計 | 伸び率 | 順位 | 評価 | 判定 | |
| 3 | 104 | 東京 | 423,800 | 510,200 | 934,000 | 827,300 | 0.2 | 1 | ○ | A | |
| 4 | 110 | 福岡 | 324,000 | 401,900 | 725,900 | 640,300 | 0.24 | 2 | ○ | A | |
| 5 | 105 | 横浜 | 284,300 | 365,500 | 649,800 | 744,400 | 0.28 | 5 | ▲ | B | |
| 6 | 101 | 札幌 | 342,500 | 361,100 | 703,600 | 444,100 | 0.05 | 3 | ○ | A | |
| 7 | 109 | 広島 | 309,900 | 316,700 | 626,600 | 626,100 | 0.02 | 6 | ○ | B | |
| 8 | 107 | 大阪 | 290,800 | 312,600 | 603,400 | 648,200 | 0.07 | 8 | ▲ | B | |
| 9 | 103 | 新潟 | 365,100 | 298,900 | 664,000 | 588,000 | -0.18 | 4 | ○ | B | |
| 10 | 106 | 静岡 | 319,000 | 294,500 | 613,500 | 556,800 | -0.07 | 7 | ○ | B | |
| 11 | 102 | 仙台 | 283,300 | 245,300 | 528,600 | 565,300 | -0.13 | 9 | ▲ | B | |
| 12 | 108 | 神戸 | 289,800 | 200,300 | 490,100 | 476,700 | -0.3 | 10 | ○ | C | |
| 13 | | 合計 | 3,232,500 | 3,307,000 | 6,539,500 | 6,117,200 | | | | | |
| 14 | | 平均 | 323,250 | 330,700 | 653,950 | 611,720 | | | | | |
| 15 | | 最高 | 423,800 | 510,200 | 934,000 | 827,300 | | | | | |
| 16 | | 最低 | 283,300 | 200,300 | 490,100 | 444,100 | | | | | |
| 17 | | | | | | | | | | | |

# 6. グラフ編

## 6-1 グラフ作成

基本編で使ったサンプルデータを使い、商品名別の目標数と販売数の棒グラフを作成します。

1）グラフに使うワークシート内のデータ（ここでは A3:A12 と C3:D12）を範囲選択します。まず A3 から A12 までをドラッグし、CTRL キーを押しながら C3 から D12 をドラッグして範囲選択します。

| | A | B | C | D | E | F | G |
|---|---|---|---|---|---|---|---|
| 1 | | | エクセルスタジアム | | | | |
| 2 | | | | | | | |
| 3 | 商品名 | 単価 | 目標数 | 販売数 | 売上金額 | 売上比率 | |
| 4 | ステッカー | 600 | 7,000 | 7,263 | 4,357,800 | 9.3% | |
| 5 | フラッグ | 700 | 8,000 | 8,589 | 6,012,300 | 12.8% | |
| 6 | メガホン | 700 | 8,000 | 7,566 | 5,296,200 | 11.3% | |
| 7 | キーホルダー | 700 | 8,000 | 9,442 | 6,609,400 | 14.1% | |
| 8 | バンダナ | 800 | 7,000 | 5,520 | 4,416,000 | 9.4% | |
| 9 | ペナント | 800 | 7,000 | 7,883 | 6,306,400 | 13.5% | |
| 10 | タオル | 1,600 | 5,000 | 4,375 | 7,000,000 | 14.9% | |
| 11 | ポンチョ | 2,100 | 2,000 | 2,413 | 5,067,300 | 10.8% | |
| 12 | ミニボール | 2,400 | 1,000 | 740 | 1,776,000 | 3.8% | |
| 13 | 合計 | | 53,000 | 53,791 | 46,841,400 | | |
| 14 | 平均 | | 5,889 | 5,977 | 5,204,600 | | |
| 15 | | | | | | | |

2）挿入タブのグラフグループを使います。「縦棒グラフの挿入」をクリックし、「2－D縦棒」から「集合縦棒」（左端）を選びグラフを作成します。

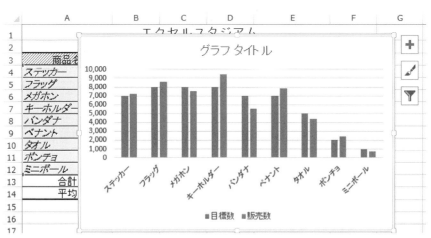

## 6-2 グラフの移動とサイズ変更

1） グラフが表の上に重なることがあります。その場合はグラフの外枠を
   ドラッグして適切な位置に移動します。また、外枠の角や枠線中央に
   あるハンドルをドラッグすることでグラフサイズを変えることが出
   来ます。

2） グラフは左上端を A16 にあわせるように移動して、右下端が F32 に
   なるようにサイズを整えましょう。

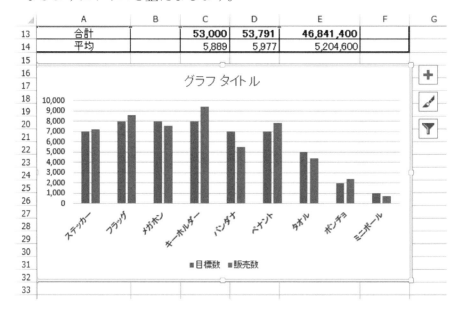

## 6-3 グラフの編集

グラフを選択するとデザイン、書式の２つのグラフツールタブが表示されます。

デザインタブ→グラフ全体の変更（グラフの種類、データ範囲選択など）、
グラフ要素（パーツ）の追加や変更（ラベルや軸など）

書式タブ→グラフに使われている図形の変更（枠線や塗りつぶし、配置など）

1）デザインタブの「グラフ要素を追加」を使い、グラフタイトルを追加します。「グラフタイトル」をクリックし、「グラフの上」を選びます。文字をクリックしてタイトルを「目標数と販売数の比較」に変更します。

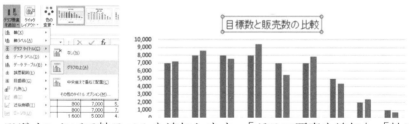

2）デザインタブで軸ラベルを追加します。「グラフ要素を追加」、「軸ラベル」、「第１縦軸」を選び、作成された軸ラベルを「数量」に変更します。

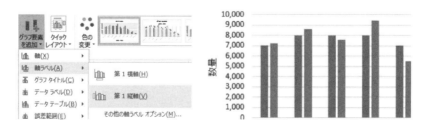

3）書式タブを使い、目標数の棒グラフの色を変更します。書式タ
　ブの現在の選択範囲グループで「系列"目標数"」を選びます。
　次に「図形の塗りつぶし」をクリックし、緑、アクセント６、
　白＋基本色４０％をクリックします。

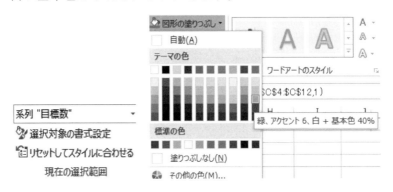

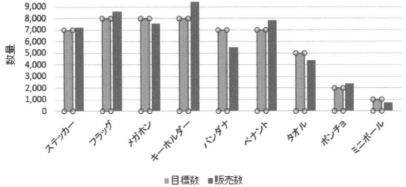

4）グラフ内の文字の大きさを整える場合は、グラフの外枠をクリ
　ックし、ホームタブのフォントグループで、フォントサイズか
　ら適切な大きさを選び変更する。

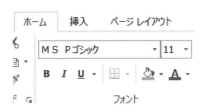

5）完成

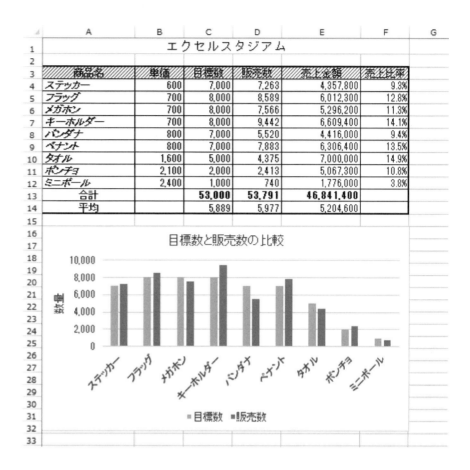

| | A | B | C | D | E | F | G |
|---|---|---|---|---|---|---|---|
| 1 | | | エクセルスタジアム | | | | |
| 2 | | | | | | | |
| 3 | 商品名 | 単価 | 目標数 | 販売数 | 売上金額 | 売上比率 | |
| 4 | ステッカー | 600 | 7,000 | 7,263 | 4,357,800 | 9.3% | |
| 5 | フラッグ | 700 | 8,000 | 8,589 | 6,012,300 | 12.8% | |
| 6 | メガホン | 700 | 8,000 | 7,566 | 5,296,200 | 11.3% | |
| 7 | キーホルダー | 700 | 8,000 | 9,442 | 6,609,400 | 14.1% | |
| 8 | バンダナ | 800 | 7,000 | 5,520 | 4,416,000 | 9.4% | |
| 9 | ペナント | 800 | 7,000 | 7,883 | 6,306,400 | 13.5% | |
| 10 | タオル | 1,600 | 5,000 | 4,375 | 7,000,000 | 14.9% | |
| 11 | ポンチョ | 2,100 | 2,000 | 2,413 | 5,067,300 | 10.8% | |
| 12 | ミニボール | 2,400 | 1,000 | 740 | 1,776,000 | 3.8% | |
| 13 | 合計 | | 53,000 | 53,791 | 46,841,400 | | |
| 14 | 平均 | | 5,889 | 5,977 | 5,204,600 | | |

## 6-4 Excel 練習問題 2

[データ]を使い、[処理条件]にしたがって[出力例]のように表を完成しなさい。

[データ]

| CO | 商品名 | 期首在庫数 | 期末在庫数 |
|---|---|---|---|
| 101 | ルーズリーフ | 34,929 | 1,289 |
| 102 | リングノート | 71,441 | 1,503 |
| 103 | 業務用封筒 | 30,750 | 828 |
| 104 | ボックスファイル | 21,748 | 2,915 |
| 105 | クリアポケット | 45,543 | 1,964 |
| 201 | 油性ボールペン | 82,427 | 2,108 |
| 202 | 三色ボールペン | 27,006 | 2,890 |
| 203 | 蛍光ペン | 46,700 | 1,092 |
| 204 | 万年筆 | 8,704 | 949 |

[判定表]

| 仕入予定数 | | 判定 |
|---|---|---|
| 50,000 以上 | ⇒ | ＊＊＊ |
| 30,000 以上　　50,000 未満 | ⇒ | ＊＊ |
| 　　　　　　30,000 未満 | ⇒ | ＊ |

[処理条件]

(ア)[出力例]のような仕入予定表(上期分)を作成しなさい(---の部分は空白とする)。

(イ) 出庫数量＝期首在庫数－期末在庫数

(ウ) 適正在庫数＝出庫数量×1.05(整数未満切り捨て・関数使用)

(エ)仕入予定数＝適正在庫数－期末在庫数

(オ)判定は[判定表]を元にして求め、また適正在庫数の多い順に順位を求めなさい。

(カ) 期末在庫数の少ない順に並べ替えなさい。

(キ) 合計・平均(整数未満四捨五入で表示する)・最高・最低を求めなさい。

(ク) 罫線の太線と細線を区別する(外枠は太線とする)。

(ケ)仕入予定表の仕入予定数の値を商品名別の縦棒グラフにしなさい。

タイトルは 商品別仕入予定数の比較 とし、凡例は 仕入予定数 とする。

[出力例]

仕入予定表

| CO | 商品名 | 期首在庫数 | 期末在庫数 | 出庫数量 | 適正在庫数 | 仕入予定数 | 判定 | 順位 |
|---|---|---|---|---|---|---|---|---|
| 101 | ルーズリーフ | 34,929 | 1,289 | | | | | |

(途中省略)

| --- | 合計 | | | | | | --- | --- |
| --- | 平均 | | | | | | --- | --- |
| --- | 最高 | | | | | | --- | --- |
| --- | 最低 | | | | | | --- | --- |

## 6-5 Excel 練習問題 3

[データ]を使い、[処理条件]にしたがって[出力例]のように表を完成しなさい。

[データ]

| 支店名 | 仕入額 | 売上額 |
|---|---|---|
| 支店A | 43,576 | 56,741 |
| 支店B | 19,296 | 35,651 |
| 支店C | 16,221 | 32,003 |
| 支店D | 24,585 | 30,235 |
| 支店E | 22,084 | 28,675 |
| 支店F | 30,539 | 38,982 |

<評価表>

| 構成比率 | | 評価 |
|---|---|---|
| 20%以上 | | ⇒　☆☆☆ |
| 15%以上 | 20%未満 | ⇒　☆☆ |
| | 15%未満 | ⇒　☆ |

[処理条件]

(ア)　　[出力例]のような支店表売上一覧表を作成しなさい(---の部分は空白とする)。

(イ)　　目標額＝仕入額×1.3(整数未満四捨五入・関数使用)

(ウ)　　構成比率＝各支店の売上額÷売上額の合計

　　　　(%の小数第1位未満四捨五入で表示)

(エ)　　売上額の多い順に順位を求めなさい。

(オ)　　判定は売上額が目標額を上回ったら"○"をそうでなければ"▼"を表示しなさい

　　　　(関数使用)。

(カ)　　評価は<評価表>にしたがって表示しなさい(関数使用)。

(キ)　　構成比率の大きい順に並べ替えなさい。

(ク)　　合計・平均(整数未満四捨五入で表示する)・最高を求めなさい。

(ケ)　　罫線の太線と細線を区別する(外枠は太線とする)。

(コ)　　構成比率の値を使い支店名別の円グラフにしなさい。

　　　　タイトルは 売上額の構成比率 とし、凡例なし、データラベルに支店名と構成比率を表示する。

[出力例]

### 支店別売上一覧表

| 支店名 | 仕入額 | 目標額 | 売上額 | 構成比率 | 順位 | 判定 | 評価 |
|---|---|---|---|---|---|---|---|
| 支店A | 43,576 | | 56,741 | | | | |

(途中省略)

| | | | | | | | |
|---|---|---|---|---|---|---|---|
| 合計 | | | | --- | --- | --- | --- |
| 平均 | | | --- | --- | --- | --- | --- |
| 最高 | | | --- | --- | --- | --- | --- |

## 6-6 Excel 練習問題 1 の解答例

| | A | B | C | D | E | F | G |
|---|---|---|---|---|---|---|---|
| 1 | | | 中四国各県の15～19歳人口（推計）の推移 | | | | |
| 2 | CO | 県名 | 2007年 | 2017年 | 増減数 | 増減率 | |
| 3 | 31 | 鳥取県 | 31,000 | 27,000 | -4,000 | -12.9% | |
| 4 | 32 | 島根県 | 36,000 | 33,000 | -3,000 | -8.3% | |
| 5 | 33 | 岡山県 | 96,000 | 95,000 | -1,000 | -1.0% | |
| 6 | 34 | 広島県 | 141,000 | 137,000 | -4,000 | -2.8% | |
| 7 | 35 | 山口県 | 68,000 | 65,000 | -3,000 | -4.4% | |
| 8 | 36 | 徳島県 | 40,000 | 34,000 | -6,000 | -15.0% | |
| 9 | 37 | 香川県 | 49,000 | 47,000 | -2,000 | -4.1% | |
| 10 | 38 | 愛媛県 | 71,000 | 64,000 | -7,000 | -9.9% | |
| 11 | 39 | 高知県 | 34,000 | 33,000 | -1,000 | -2.9% | |
| 12 | | 合計 | 566,000 | | | | |
| 13 | | 平均 | 62,889 | | | | |
| 14 | | | | | | | |

中四国各県の 15～19 歳人口（推計）の推移

| CO | 県名 | 2007 年 | 2017 年 | 増減数 | 増減率 |
|---|---|---|---|---|---|
| 31 | 鳥取県 | 31000 | 27000 | =D3-C3 | =E3/C3 |
| 32 | 島根県 | 36000 | 33000 | =D4-C4 | =E4/C4 |
| 33 | 岡山県 | 96000 | 95000 | =D5-C5 | =E5/C5 |
| 34 | 広島県 | 141000 | 137000 | =D6-C6 | =E6/C6 |
| 35 | 山口県 | 68000 | 65000 | =D7-C7 | =E7/C7 |
| 36 | 徳島県 | 40000 | 34000 | =D8-C8 | =E8/C8 |
| 37 | 香川県 | 49000 | 47000 | =D9-C9 | =E9/C9 |
| 38 | 愛媛県 | 71000 | 64000 | =D10-C10 | =E10/C10 |
| 39 | 高知県 | 34000 | 33000 | =D11-C11 | =E11/C11 |
| | 合計 | =SUM(C3:C11) | =SUM(D3:D11) | =SUM(E3:E11) | |
| | 平均 | =AVERAGE(C3:C11) | =AVERAGE(D3:D11) | =AVERAGE(E3:E11) | |

# 6-7 Excel 練習問題 2 の解答例

| CO | 商品名 | 期首在庫数 | 期末在庫数 | 出庫数量 |
|---|---|---|---|---|
| 103 | 業務用封筒 | 30750 | 828 | =C3–D3 |
| 204 | 万年筆 | 8704 | 949 | =C4–D4 |
| 203 | 蛍光ペン | 46700 | 1092 | =C5–D5 |
| 101 | ルーズリーフ | 34929 | 1289 | =C6–D6 |
| 102 | リングノート | 71441 | 1503 | =C7–D7 |
| 105 | クリアポケット | 45543 | 1964 | =C8–D8 |
| 201 | 油性ボールペン | 82427 | 2108 | =C9–D9 |
| 202 | 三色ボールペン | 27006 | 2890 | =C10–D10 |
| 104 | ボックスファイル | 21748 | 2915 | =C11–D11 |
| | 合計 | =SUM(C3:C11) | =SUM(D3:D11) | =SUM(E3:E11) |
| | 平均 | =AVERAGE(C3:C11) | =AVERAGE(D3:D11) | =AVERAGE(E3:E11) |
| | 最高 | =MAX(C3:C11) | =MAX(D3:D11) | =MAX(E3:E11) |
| | 最低 | =MIN(C3:C11) | =MIN(D3:D11) | =MIN(E3:E11) |

| 適正在庫数 | 仕入予定数 | 判定 |
|---|---|---|
| =ROUNDDOWN(E3*1.05, 0) | =F3−D3 | =IF(G3>=50000, "***", IF(G3>=30000, "**", "*")) |
| =ROUNDDOWN(E4*1.05, 0) | =F4−D4 | =IF(G4>=50000, "***", IF(G4>=30000, "**", "*")) |
| =ROUNDDOWN(E5*1.05, 0) | =F5−D5 | =IF(G5>=50000, "***", IF(G5>=30000, "**", "*")) |
| =ROUNDDOWN(E6*1.05, 0) | =F6−D6 | =IF(G6>=50000, "***", IF(G6>=30000, "**", "*")) |
| =ROUNDDOWN(E7*1.05, 0) | =F7−D7 | =IF(G7>=50000, "***", IF(G7>=30000, "**", "*")) |
| =ROUNDDOWN(E8*1.05, 0) | =F8−D8 | =IF(G8>=50000, "***", IF(G8>=30000, "**", "*")) |
| =ROUNDDOWN(E9*1.05, 0) | =F9−D9 | =IF(G9>=50000, "***", IF(G9>=30000, "**", "*")) |
| =ROUNDDOWN(E10*1.05, 0) | =F10−D10 | =IF(G10>=50000, "***", IF(G10>=30000, "**", "*")) |
| =ROUNDDOWN(E11*1.05, 0) | =F11−D11 | =IF(G11>=50000, "***", IF(G11>=30000, "**", "*")) |
| =SUM(F3:F11) | =SUM(G3:G11) | |
| =AVERAGE(F3:F11) | =AVERAGE(G3:G11) | |
| =MAX(F3:F11) | =MAX(G3:G11) | |
| =MIN(F3:F11) | =MIN(G3:G11) | |

| 順位 |
|---|
| =RANK(F3, $F$3:$F$11, 0) |
| =RANK(F4, $F$3:$F$11, 0) |
| =RANK(F5, $F$3:$F$11, 0) |
| =RANK(F6, $F$3:$F$11, 0) |
| =RANK(F7, $F$3:$F$11, 0) |
| =RANK(F8, $F$3:$F$11, 0) |
| =RANK(F9, $F$3:$F$11, 0) |
| =RANK(F10, $F$3:$F$11, 0) |
| =RANK(F11, $F$3:$F$11, 0) |
| |
| |
| |
| |

# 6-8 Excel 練習問題 3 の解答例

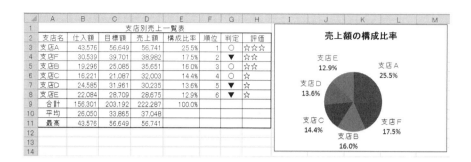

| 支店名 | 仕入額 | 目標額 | 売上額 |
|---|---|---|---|
| 支店 A | 43576 | =ROUND（B3*1.3, 0) | 56741 |
| 支店 F | 30539 | =ROUND（B4*1.3, 0) | 38982 |
| 支店 B | 19296 | =ROUND（B5*1.3, 0) | 35651 |
| 支店 C | 16221 | =ROUND（B6*1.3, 0) | 32003 |
| 支店 D | 24585 | =ROUND（B7*1.3, 0) | 30235 |
| 支店 E | 22084 | =ROUND（B8*1.3, 0) | 28675 |
| 合計 | =SUM（B3:B8) | =SUM（C3:C8) | =SUM（D3:D8) |
| 平均 | =AVERAGE（B3:B8) | =AVERAGE（C3:C8) | =AVERAGE（D3:D8) |
| 最高 | =MAX（B3:B8) | =MAX（C3:C8) | =MAX（D3:D8) |

| 構成比率 | 順位 | 判定 |
|---|---|---|
| =D3/$D$9 | =RANK（D3, $D$3:$D$8, 0) | =IF（D3>C3, ”○”, ”▼”) |
| =D4/$D$9 | =RANK（D4, $D$3:$D$8, 0) | =IF（D4>C4, ”○”, ”▼”) |
| =D5/$D$9 | =RANK（D5, $D$3:$D$8, 0) | =IF（D5>C5, ”○”, ”▼”) |
| =D6/$D$9 | =RANK（D6, $D$3:$D$8, 0) | =IF（D6>C6, ”○”, ”▼”) |
| =D7/$D$9 | =RANK（D7, $D$3:$D$8, 0) | =IF（D7>C7, ”○”, ”▼”) |
| =D8/$D$9 | =RANK（D8, $D$3:$D$8, 0) | =IF（D8>C8, ”○”, ”▼”) |
| =D9/$D$9 | | |
| | | |
| | | |

| 評価 |
|---|
| =IF(E3>=20%, ”☆☆☆”, IF(E3>=15%, ”☆☆”, ”☆”)) |
| =IF(E4>=20%, ”☆☆☆”, IF(E4>=15%, ”☆☆”, ”☆”)) |
| =IF(E5>=20%, ”☆☆☆”, IF(E5>=15%, ”☆☆”, ”☆”)) |
| =IF(E6>=20%, ”☆☆☆”, IF(E6>=15%, ”☆☆”, ”☆”)) |
| =IF(E7>=20%, ”☆☆☆”, IF(E7>=15%, ”☆☆”, ”☆”)) |
| =IF(E8>=20%, ”☆☆☆”, IF(E8>=15%, ”☆☆”, ”☆”)) |
| |
| |
| |

# 7. プレゼンテーションソフトの基本と実践

PowerPoint は、スライドを組み合わせてプレゼンテーションを作成するソフトウェアです。プレゼンテーションとは、製品紹介や会議など、自分の情報を相手に伝えるための発表のことです。

## 7-1 画面要素

① リボン

いろいろな機能のメニューが配置されています。

② アウトラインペイン

スライドの一覧表示を基準として、全体の流れを表しています。

③ 表示切替ボタン

スライドの表示モードを変更できます。

④ ノートペイン

スライドに補足的な情報を付け加えたいときに使います。

⑤ スライドペイン

スライドショーを行うときに実際に表示されるスライドのイメージを表示しています。

## 7-2 入力

PowerPoint は、Word・Excel の操作と共通部分が多く、同等の操作で利用することができます。

1）PowerPoint を起動します。

上のような画面になります。

2）「クリックしてタイトルを入力」と書かれてある点線の枠の中でクリックするとカーソルが現れるので、「大学案内」と入力し、「クリックしてサブタイトルを入力」と書かれてある点線の枠の中でクリックして「国際情報技術大学」と入力し、スライドの外側をクリックします。

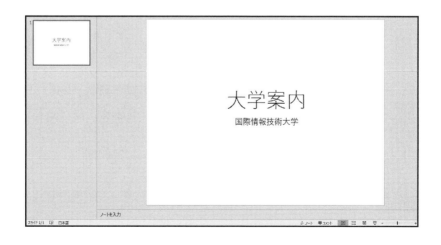

3）スライドを追加するために、コマンドの「新しいスライド」をク
　リックし、レイアウトを選択してをクリックします。

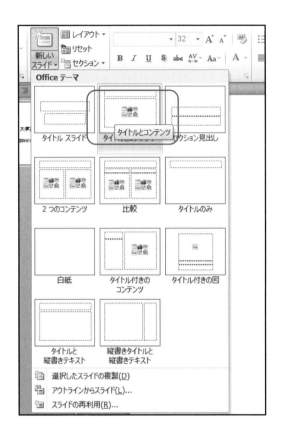

4）タイトルに「創立」を入力します。

5）テキスト入力部分に以下のように入力します。自動的に箇条書き
　形式になります。
　　（「1970年設立」改行して「共通理念」改行して「努力と進歩」）

6）「努力と進歩」の文のレベルを一段階下げるために、「努力と進歩」
　の行頭でクリックしTABキーを押します。レベルとは、箇条書き
　における字下げのことです。

レベルを下げる前　　　　　　　　レベルを下げた後

3）～6）のように作業を繰り返し行い、必要に応じて次々とスライドを増やしていきます。

## 7-3 実践の基本操作

1）サンプルファイルを開きます。

2）1.のスライドのタイトルおよびサブタイトルが記入されてないので、1.のスライドをクリックします。（この作業で、右側のスライドペインに 1.のスライドを表示させます。）右側の画面のタイトルに「大学案内」サブタイトルに「国際情報技術大学」と入力します。

3）2.のスライドの「努力と進歩」の文字のレベルを一段階下げます。

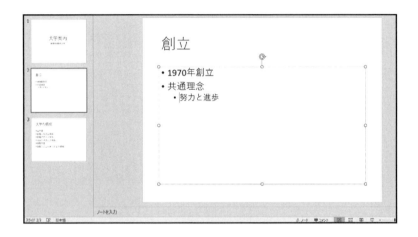

4）同じようにして、3.のスライドの情報システム学科、情報デザイン学科、マルチメディア学科、国際コミュニケーション学科のレベルを一段階下げます。

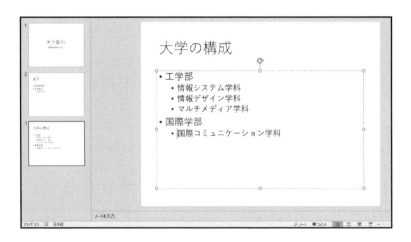

5）「国際学部」のスライドを「学部の特徴（工学部）」の後ろにもっ
てきたいので、6.「国際学部」をクリックして選択し、枠線を
4.「学部の特徴（工学部）」の下まで、ドラッグします。

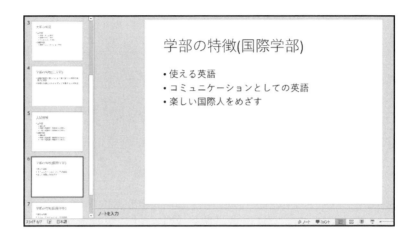

表示モードがスライド一覧表示の際は、以下の矢印のようにドラッグ
することで、同じようにスライドの順番を変更することができます。

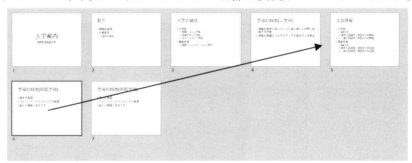

6）スライドを見ると、同じものが2つあります。（5.と7.のスライド）
7.のスライドを削除するために、7.学部の特徴（国際学部）をクリ
ックし、スライドを選択した状態で、リボンの「切り取り」を選
択します。

　表示モードがスライド一覧表示の際は、削除したいスライドをクリックして、リボンの「切り取り」をクリックします。この作業をキーボードで行うには、Delete キーを押します。

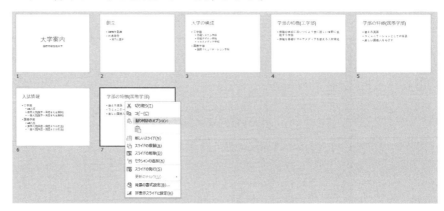

7）このままでは白紙に黒い文字だけの単純なデザインなので、スライド全体の背景を変更します。デザインはすべてのスライドに同じデザインが適用されます。リボンの「デザイン」をクリックします。適用するデザインを選択します。

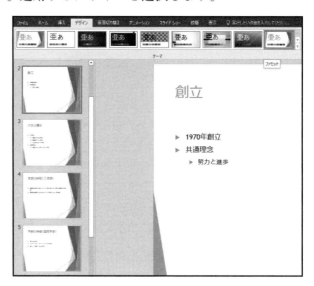

8) スライドショーで実行する際に各スライドに、アニメーションを
つけるためにリボンの「アニメーション」を選択します。

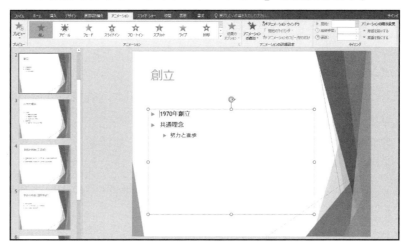

スライド切り替え効果や、文字の表示効果などを選択します。

出来上がったスライドを、見るためには、右下の表示モードボタンで、

「スライドショー」  を選択します。そうすると、全画面表示になり、

スライドが表示されます。クリックすると次のスライドへ移ることが
できます。

最後のスライドを表示し終わると、以下のような画面が出ますので、

クリックすると、元の画面に戻ることができます。

# 8. インターネット

## 8-1 インターネットの概要

### インターネットの歴史

- 1969 年米軍実験研究ネットワーク「**ARPANET**」　各地に分散したコンピュータ資源をつなぐ実験を実施した。
- 物理的に機械をつなぐと同時に利用者を結ぶコミュニケーションツールであった。
- 軍事用から一般研究・教育さらにビジネス利用・一般市民の利用へ発展した。
- Internet とは「ネットワークのネットワーク」
    - LAN（Local Area Network）から広域 WAN（Wide Area Network）をさらに地域ネットワークができ、最終的には世界中の WAN を結んだネットワークができあがった。
- インターネットプロトコル（IP）でお互い常時接続された状態で通信できる。
- インターネットプロトコルは TCP/IP （Transmission Control Protocol / Internet Protocol）
    - TCP：誤り制御、順序制御、フロー制御などを行う。
    - IP ：インターネットのゲートウェイ間、ゲートウェイーホスト間の通信を規定するもの。

### 日本のインターネット

- 1984 年 JUNET（Japan Unix Network：東京大学、東京工業大学、慶応大学の 3 か所のコンピュータを結んで）から始まった。
- 主な利用は電子メールとネットワークニュース、大学間の情報交換に役立った。
- データ転送にはパケット交換方式が取られた。
- 1994 年に JUNET 終了。1988 年 WIDE（Widely Integrated Distribution Network）が開始、IP（Internet Protocol）接続方式を用いていた。
- ネットワークの研究・開発が今なお進められている。

**インターネットとは**

- インターネットはイーサネット、FDDI、ISDN、専用線といった多種多様のネットワークを相互に接続し、これら全体を1つの巨大なネットワークにみせている。
- インターネットでは異なった種類の通信媒体に接続されているホスト同士が、低レベルでの違いを意識せずに相互通信が可能となる。
- インターネットでは通信を行う両者はすべて対等な関係にある（マイコン通信ではホスト対端末の関係にあった）。
- インターネットではホストを識別するためにインターネットアドレスと呼ばれるアドレスが割り当てられる（ネットワーク部＋ホスト部）。
- インターネットアドレスの一意性はインターネットとの相互接続、通信の到達可能性を保証するために必要な条件である。
- 正規に割り当てられていないアドレスの利用は利用者だけでなく、その外の組織のネットワークやバックボーンに影響を与えることもあるので注意が必要。

ドメイン階層

　国内：（組織名称）.ac.jp　　　大学関係組織

　　　　（組織名称）.ad.jp　　　ネットワーク管理組織

　　　　（組織名称）.co.jp　　　企業、営利団体

　　　　（組織名称）.go.jp　　　政府関係組織

　　　　（組織名称）.or.jp　　　その他の組織、ネットワークサービス

　　　　（組織名称）.ne.jp　　　インターネットプロバイダ等

　米国以外の他の国もほぼ同様の枠組みで割り当てられる。

　米国に関しては3文字の組織の属性を示すドメイン名をとる。

　　　　（組織名称）.edu　　　大学関係組織

　　　　（組織名称）.com　　　企業

　　　　（組織名称）.gov　　　政府関係組織

　　　　（組織名称）.net　　　ネットワーク管理組織

　　　　（組織名称）.mil　　　軍事関係組織

　　　　（組織名称）.org　　　その他の組織

## 8-2 インターネットの利用

インターネットの魅力
- ・ ソフトウェアのフリーマーケット
- ・ 膨大なデータベース情報
- ・ 即時性の高い情報伝達手段


インターネットのサービス
- ・ 基本サービス：ｗｗｗ（World Wide Web）、ファイル転送（FTP）、*電子メール（e-mail）*、遠隔ログイン（telnet）などがあげられる。
- ・ Web サービス：インターネット上で情報を公開する仕組みのことで、Web サイト（Web ページ、またはホームページ）のためのサービスである。
- ・ 電子メール：コンピュータネットワークを使用して、郵便のように情報等を交換するサービスである。やりとりできる情報は文章（テキスト）だけでなく、文書ファイルや画像などを添付ファイルとして扱うことができる。
- ・ ブログ：投稿された記事を主に時系列に表示する Web サイトのことで個人の情報発信に利用されている。
- ・ SNS：ソーシャル・ネットワーキング・サービスの略でインターネット上での人と人とのつながり、交流を通じて社会的ネットワークを構築することを促進・支援するサービスである。
- ・ ショッピングサイト：インターネット上で商品を販売する Web サイトのことで、オンラインシップ、EC サイトなどとほぼ同義で使われている。
- ・ ネットオークション：インターネット上で行われる競売（オークション）の仕組みのことである。
- ・ インターネットバンキング：インターネットを通して残高照会や振込、振替などの銀行のサービスが利用できるシステムのことである。
- ・ チャットサービス：チャット（chat）とは、おしゃべりの意味で、コンピュータネットワークを通じて行う文字ベースでのリアルタイムコミュニケーションのことである。
- ・ 電子掲示板：電子掲示板とは、コンピュータネットワーク上で、記

　　事を書き込んだり、閲覧したり、コメントをつけることが可能な
　　仕組みのことである。
・　グループウェア：グループウェアとは、文字通りグループ（企業や
　　大組織でも利用する）内で情報共有を目的としたソフトウェアの
　　ことを差す。
・　クラウドサービス：クラウドサービスは、従来は個々のコンピュー
　　タの中で利用していたデータやソフトウェアを、ネットワーク経
　　由でサービスとして利用できる仕組みである。最低限の環境を用
　　意することで、どの端末からでも同じように様々なサービスを利
　　用することができる。

## インターネットの問題点
・　安全性と信頼性が求められる。
・　社会一般で常識的に考えて行動しているときと同様にネット上で
　　も行動する必要があることを忘れないこと。
・　インターネット利用者が増加すればするほど、犯罪や反社会的な行
　　為を働くものも増えるであろう。
・　自己が自己の責任で行動するように勤めることが必要である。

**インターネット：利用者の責任で発展させていく必要がある。**

参考文献：インターネット参加の手引き、共立出版

　　　　　　　インターネットイエローページ、日本経済新聞社

　　　　　　　How the internet works, Joshua Eddings

　　　　　　　ネットリテラシー検定機構

　　　　　　　(https://ssl.net-literacy.org/measure/information/service/)

# 8-3 WWW ブラウザ

WWW:World Wide Web

さまざまなブラウザを用いて簡単にホームページなど見ることができます。

現在代表的なブラウザは Google　Chrome、Microsoft　Internet
　　Explorer、 Edge 、Mozilla　Firefox などがあります。

1） Google Chrome の場合 デスクトップにインストールした Google Chrome をダブルクリックします。

2） Microsoft Edge の場合 Microsoft Edge をダブルクリックします。

3） Microsoft Internet Explorer の場合 Internet Explorer をダブルクリックします。

4） Mozilla Firefoxの場合 デスクトップにインストールしたMozilla Firefox をダブルクリックします。

それぞれに長所・短所がありますが、どのブラウザも使うことができきるようになっておくといいですね。

## 8-4 検索サイト

Google　　　Yahoo！Japan　　など様々なものがあります。

### Google の意味

1の後に0が100個連なった101桁の数を意味する造語「googol」（ゴーゴル）から派生しています。この数値は天文学的にも非常に大きな数字であり、たとえ星や塵片、原子であっても、ゴーゴルの数だけ存在する物質はこの宇宙にはありえません。「Google」は、そんな膨大で無限とも思える世界中の情報を体系化し、どこからでもアクセス可能で有益なものにするという、「Google」の使命を示したものです（Google活用の極意より引用）。

### Yahoo！Japan の意味

「"Yet Another Hierarchical Officious Oracle"（もうひとつの階層構造の気が利くデータベース）の略だという説もありますが、開発者であるデビッド・ファイロとジェリー・ヤンの二人は、自らをならず者（yahoo）だと思っているからこの名前を選んだと主張しています。」とあります（http://www.22kouichi.com/hp/menu/yougo.html）。

### 検索エンジンの種類

**ロボット型検索**

プログラムがサイトを検索し、自動的に索引を作成します。

**ディレクトリ型検索**

人間がサイトを検索し、手作業で索引を作成します。

**Google**

ロボット型検索が主であり、ディレクトリ型検索の索引もあります。

**Yahoo！Japan**

ディレクトリ型検索が主で、ロボット検索も行っています。

### 検索

検索エンジンの違いだけでなく、検索語の選択の仕方によっても検索の結果が異なることを理解して、検索を上手に利用してみましょう。レポート作成の資料集め、旅行・買い物などの情報収集、その他交通案内な

どの情報収集などにも利用してみましょう。

検索してみましょう

1. 商品情報とカタログ

   企業の商品情報から口コミ情報などいろいろあります。

2. 旅行先の天気

   週間天気予報、ポイント予報も簡単に検索できます。

3. 路線検索

   乗り換え案内、目的地から乗り換えの時間や路線などの検索ができます。

4. 宅配便の配送状況

   Line、メールによる連絡から追跡サイトを検索できます。

5. 住所から地図の検索と活用

   目的地へのナビゲーションや観光地への案内などいろいろ活用できます。

6. イメージ検索、ビデオ画像検索

   アプリ（Google レンズなど）を使うとなんでも検索できます。

# 情報検索の達人になろう！

# 9．大学における電子メールの使い方

　本学で皆さんに配布しておりますメールアドレスで電子メールが利用できます。メールを読むためのソフト（メーラ）としては、

1．　Web メール（Gmail）

2．メーラ（Outlook、Thunderbird など）

多くの場合、Web メールを利用していただいて結構です。自分の PC や記憶媒体（FD・MO・フラッシュメモリ）などにファイルとしてメールを保存しておきたいときなどには 2．のメーラを自分で設定して利用してください。

## 9-1 Gmail の利用方法

ポータルからメールをクリック　または　https://mail.google.com/　へアクセスすると　Gmail　のアクセス先がひらきます。

Gmail アドレス・パスワード入力画面

１． 　　　メールアドレス　学生番号＋イニシャル@gaines.hju.ac.jp
　　（最後まで間違えないで入力すること　大学によって　@　以降は異なり
　ますので確認して入力してください）

２． 　　　パスワード　（最初は初期パスワード　後で変えておきましょう　ポー
　タルにある学内 PC とメールのパスワード変更を利用すると簡単です）

３． 　　　最初だけ　「利用規程」が表示されますので　読んで　「同意ボタン」を
　クリック

４． 　　　「ようこそ画面」が表示されるので　開始をクリック（最初のアクセスの
　際のみ）

５． 　　　様々な機能が使えます。Gmail　をクリック

６． 　　　「Welcome メール」が届いているのを確認してください

Welcome メール確認

7.　　署名を作成しましょう

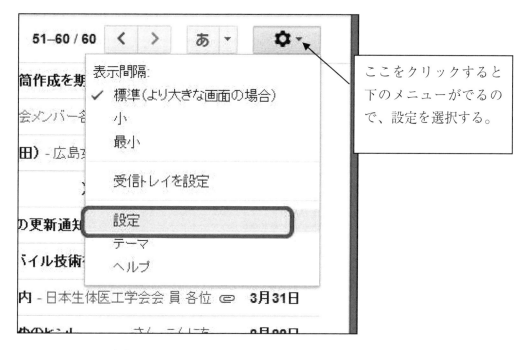

ここをクリックすると
下のメニューがでるの
で、設定を選択する。

署名作成のため設定をクリック

8.　　署名は必ず作成してください。内容は所属・氏名・メールアドレスが基
本です。長く書きすぎるのはよくありません。できるだけ6行以内で作成し
ましょう。

全般 ラベル 受信トレイ アカウント フィルタ メール転送とPOP/IMAP チャット Labs オフライン
テーマ

| | |
|---|---|
| **送受信者一覧:** 詳細 | ● 送受信者一覧を表示 - スレッドの右側にメールの送受信者の情報を表示します ○ 送受信者一覧を非表示 |
| **連絡先を作成して オートコンプリート を利用:** | ● 新しいユーザーにメールを送信すると、そのユーザーを [その他の連絡先] に追加して次回 からオートコンプリート機能で入力できるようにする ○ 手動で連絡先を追加する |
| **署名:** (送信メールの最後に追加さ れます) 詳細 | ○ 署名なし ● |

Sans... ▾ ⊤T ▾ B I U A ▾ GO 🖼 ≣ ▾ ≣ ≣ ⫤ ⫤ ⁹⁹ Ix

**************
広島女学院大学
国際教養学部国際教養学科

女学院あやめ
e-mail：○○@gaines.hju.ac.jp

**************

☑ 返信で元のメッセージの前にこの署名を挿入し、その前の「–」行を削除する。

| | |
|---|---|
| **個別インジケータ:** | ○ インジケータなし ● インジケータを表示 - メーリングリストではなく自分宛に送信されたメールには矢印 （›）が、自分だけに送信されたメールには二重矢印（»）が付きます。 |
| **メール本文のプレ ビュー表示:** | ● メール本文のプレビューを表示 - メール本文の一部をメール一覧に表示します。 ○ 本文のプレビューなし - 件名のみ表示します。 |

署名の作成

## 9. メールを作成する

自分にメールを送付してみましょう。

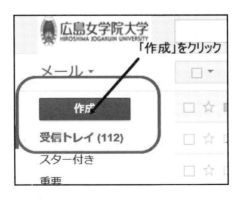

作成ボタン

左上にある 「作成」ボタンをクリックします。
メールを作成します。

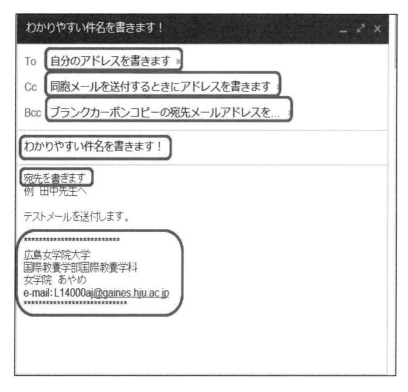

作成するメールと注意点

送信ボタンをクリックして、送信

送信ボタンをクリック

その後、受信して確認してください。

受信できていることを確認

受信メールを開いて確認

Mailを終了する場合は、右上にある自分のメールアドレスをクリックすると、ログアウトボタンがでてきますので、このボタンをクリックします。

ログアウト（終了）の方法

１０．　メールを転送する

　メールを携帯や　他のメールアドレスに転送できます。

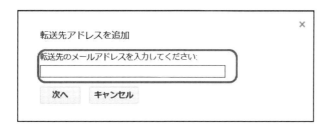

設定を開いて　メール転送を選択


転送先を入力します。

設定画面

転送先を入力する

転送先にメール（確認番号）が送付されます。

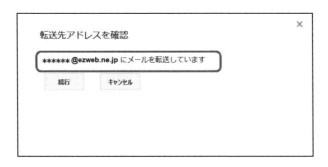

転送先アドレスを確認

確認番号が送付されたメールを確認してください。

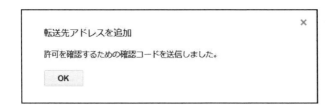

転送先に確認番号が送付される

転送先に確認番号が送付されます。

確認番号をメール転送設定へ入力します。

設定で確認します

転送を有効にして、「変更を保存」をクリックする。

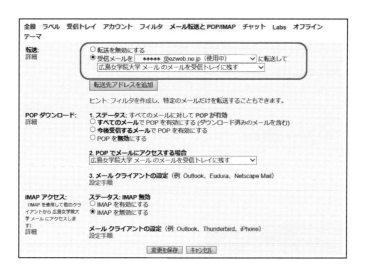

転送設定の終了

## 転送以外のアクセス方法

スマートフォンでは Gmail のアプリケーションでメールを送受信できます。アプリケーションをインストールしてアカウントを登録してください。複数のアカウントを切り替えて送受信することができますので、複数の Gmail アカウントを仕分けして利用することが可能です。

Gmail スマホアプリの例

スマートフォンアプリ

Gmail アプリ

スマホアプリで大学のメールを受信した例です。パソコンの時と同じように送受信できます。

取りあえずの返事はスマホ・タブレット（モバイル端末）からも可能です。

正式にはパソコンでメールを送受信できるようにしておきましょう。社会ではパソコンでのメール送受信が必須とされます（各種企業人事の方からの要望）。

※署名：各モバイル機器のメールアプリごとに設定が必要ですので気を付けてください。

スマートフォン Gmail 受信の例

## 9-2 メール作成の注意

署名が作成されていて自分の意図する署名が追加されるか確認する。
あて先を間違えないように確認する。

## ※あて先の注意

Cc:同時に同じメールを複数の人数に送付する場合にもちいる。
　送付したすべての人にメールアドレスが見える状態で送付するので注意。

Bcc:同時に同じメールを複数の人数に送付する場合にもちいるが、
　　送付した人には他の人のメールアドレスが見えない状態で送付する。

Cc:についてはだれに同時送付しているかを本文に記載して送付すること。

Bcc についてはお互いにメールアドレスを保護する必要がある複数人の場合に用いる。
Cc と Bcc:を混在して使用する場合にはトラブルに気をつけること。

# ちょっと一言！！

## メールを送付する時の注意

ネチケット（ネットワーク上でのエチケット）として心がけること

- ・ 相手の文化など状況を考える
- ・ 差別用語などは用いない
- ・ 公序良俗に反しない
- ・ 他人のプライバシーを尊重
- ・ 著作権侵害しない
- ・ 相手の使用環境を考える
- ・ 無意味なメールは送らない
- ・ 迅速な返事は期待しない
- ・ ファイルの添付の容量などは気をつける
- ・ わかりやすい題名（サブジェクト）をつける
- ・ 電子メールの最後に自分の署名をつける
- ・ 個人宛てのメールを第三者に転送するときは許可を得る
- ・ 転送するときは内容変更しない

## 9-3 電子メールの常識

1. メールの受信確認

   メールが届いているかどうか定期的に確認する習慣をつけましょう。未読メールがメールボックスにたまると、大学から割り当てられている容量の制限を越えてしまい、新しいメールを受信できなくなることがあります。また、メールの保管日数の制限を越えると、古いメールから順に削除されてしまうことがあります。

2. メールの書き方

   (ア) 言葉遣いに注意する

   　　メールと受け取る相手の気持ちを考え、言葉をよく選び、誤解や失礼のないように注意しましょう。知らない人に初めてメールを送る場合には、丁寧な言葉を使い、自己紹介から始めるようにしましょう。

   　　相手に対して常に寛容であるよう心がけ、乱暴な言葉、汚い言葉、人を罵るような言葉、人を不愉快にさせるような言葉を使うことは慎みましょう。

   (イ) 要点を絞って簡潔に書く

   　　メールの本文は、要点を絞り、短く簡潔にまとめるよう心がけましょう。受信したメールに返事を出すときには、関連する他のメッセージが同じ人から送られてきていないかどうかを確かめて、最新のメールまで目を通してから返事しましょう。

   (ウ) 読みやすさに配慮する

   　　メールの本文は、段落ごとに1行空ける、文章の区切りのよいところで改行するなど、相手がコンピュータの画面上で読みやすいように、書き方を工夫しましょう。

   　　メールを引用するときには、引用であることを示す引用符をつけて返事を書くと、どこからが相手からのメールで、どこからが自分の書いた返事なのかがよくわかり、便利です。

   　　返信時の引用は必要最小限にとどめて、メールの本文全体が長くならないように気をつけましょう。

   (エ) 使用する文字に注意する

   　　特定の機種や環境に依存する記号や文字（機種依存文字）を使用しないよう、注意しましょう。携帯電話からパソコンにメールを送るときにも、機種依存文字を使わないようにしましょう。

   　　半角カタカナは使用しないようにしましょう。機種や環境によって文字化けするだけでなく、インターネット上のほかのコンピュータに悪影響

を与える可能性があります。

(オ) 連絡先を書き添える　　(署名)

メールを送るときには、必要に応じて本文の末尾などに連絡先を書き添えましょう。ただし、必要以上に自分の個人情報を開示していないか、十分注意しましょう。

## 3. 内容が一目でわかる件名をつける

メールの件名欄には、必ず件名を入れましょう。また、メールの件名は、その内容が一目でわかるよう具体的なものにするよう心がけましょう。

「重要」「大至急」「緊急」といった文字を件名に含めると、相手に用件の重要度や緊急度が伝わりやすくなる場合があります。しかし、こうした文字を含めたとしても、必ずすぐに読んでもらえるとは限りません。自分にとって重要でも、相手にとっても同じとは限らないことを理解しましょう。

電子メールソフトの返信ボタンを押して作成されるメールの件名(「Re:元のメールの件名」)は、通常特に変える必要はありません。

## 4. 宛先を確認する

メールのアドレスは1文字間違っていても届きません。あて先のメールアドレスをよく確認してから送信ボタンを押す習慣をつけましょう。

同時に複数の人にメールを出す場合は、送り先をまちがえないよう、十分注意しましょう。また、複数の人宛に送られたメールを受け取ったときには、返信する際のあて先に、とくに注意しましょう。

受け取ったメールの「Cc」欄に自分のメールアドレスが書かれていた場合は、必ずしも返事を求められているわけではないことを理解しましょう。

直接送信相手に知られずに同時にほかの人にメールを送りたい場合には、Bcc を使いましょう。Bcc に指定したあて先は、受信メールのヘッダーに表示されないたね、誰にメールが同時に送信されたかわからないという特徴があります。話の内容によっては注意して利用することが必要です。

新しい電子メールソフトを初めて使うときや、設定を変更したときは、最初に自分宛にテストメールを送信し、設定が正しいかを確認しましょう。

## 5. ファイルを添付する

(ア) 添付ファイルのソフトについて確認

添付ファイルの形式を相手が開くことができるかどうか確認した上で送付するようにしましょう。

(イ) 大きさに注意

容量が大きい場合には、相手がそのファイルを受け取ることができるかどうか、確認してから送付しましょう。通常 3MB 程度にすることが必

要です。

(ウ) 添付するファイルについて本文に書く

添付ファイルでウィルスを送付されることが多いため、本文に添付ファイルをつけている理由などを書くことが必要です。

6.　メールと送付するときの注意

メールはなるべくテキスト形式で送信しましょう。HTML 形式のメールを送信する場合には、相手の電子メールソフトが対応しているか確認しましょう。

7.　返事が遅くても怒らない

送信したメールに対して、すぐに返事がこないからといって怒ったりしないようにしましょう。

開封確認機能は使い方に気をつけましょう。相手によっては、不快に感じる場合もあります。

重要な内容のメールを受け取った場合には、受け取ったことを知らせるメールをすぐに返信しておくとよいでしょう。

8.　メールの公開や転送　　本人の了解を得ること

受け取ったメールの内容を、掲示板やウェブページで勝手に公開してはいけません。

受け取ったメールを他の人に転送する際には、手を加えないでそのまま送りましょう。受け取ったメールに手を加えることは改ざんであり、メールの転送相手をあざむくことになります。

9.　不愉快なメールへの対応

不愉快な内容のメールを受け取ったら、相手にしないようにしましょう。挑発的な言葉を投げかけられても応じてはいけません。つねに冷静に対応するように心がけましょう。

不愉快なメールに返信する必要がある場合は、返事を書いてもすぐには出さずに、じっくり考えなおしてから出すようにしましょう。

メールによる嫌がらせを受けた場合、自分だけで対処しようとするのは好ましくありません。なるべく家族や友人に相談して対策を考えるようにしましょう。また、プロバイダ、警察にもどのような対策を講じたらよいか相談するようにしてください。

10.　チェーンメールやデマメールの対応　　即座にごみ箱へ

「このメールをできるだけ多くの人に送ってください」などと書かれた「チェーンメール」はどんな内容のものでも転送せずに無視しましょう。

一見本当のように見えるが実はウソの情報が書かれている「デマメール」も、

チェーンメールの一種です。転送せずに無視しましょう。

### 11. 広告メールや勧誘メールへの対応

一方的に送りつけられる商業広告メールを受け取りたくない場合は、「未承諾広告＊」と表示されたメールをフィルタリングするよう電子メールソフトを設定しましょう。

一方的に送りつけられる広告メールや、サークルやイベントなどへの勧誘メールは、無視しましょう。「このメールが不要な方は、件名欄に受信拒否と書いて返信してください」などと書いてあってもけっして返信してはいけません。

身に覚えのないインターネット利用料などを請求するような「架空請求メール」が届いた場合、利用していなければ払う必要はまったくありません。このような架空請求メールを受け取ったときは、無視しましょう。

### 12. ビジネスでメールを使う時のマナー

会社のパソコンでメールを利用する場合は、社内の規則、ネットワークルールやガイドラインなどを守りましょう。

面識のない相手に初めてメールを送る場合には、社内外を問わず、簡単な自己紹介をしましょう。

大切な用件のメールを受け取ったときに、何らかの返事を求められているがすぐに返信できないときなどは、メールを受領し内容を確認していることを知らせるメールを返信しておきましょう。

フェイスマーク（^^）をビジネスの場で使用しないようにしましょう。

「様」「御中」「殿」などの敬称は、状況に応じたふさわしいものを選びましょう。

### 13. 携帯電話にメールを送信するときのマナー

パソコンに送る場合よりも、内容を短くまとめるように心がけましょう。

改行はできるだけ少なくしましょう。

署名や挨拶も、できるだけ簡潔にしましょう。相手によっては、入れなくてもマナー違反にはなりません。

夜中や早朝に送信すると、着信音で迷惑をかける場合があるので注意しましょう。

### 14. ウィルスメールに注意する

コンピュータへのウィルス感染を防ぐため、添付ファイルを開くときには十分注意しましょう。また、ウィルス対策ソフトを利用し、ウィルス定義（パターン）ファイルを常に最新のデータに更新しておくようにしましょう。

オペレーティングシステムやブラウザ、電子メールソフトのセキュリティー

ホールからウィルスに感染する場合があります。セキュリティーホールが発見された場合は、すぐに修正プログラムを適用しましょう。

出典：インターネットにおけるルール＆マナー公式テキスト

財団法人インターネット協会, 2005, P13-48

# 10. Google アプリの利用について

## 10-1 Google Classroom について

登録の方法

Google アプリのメニューを選択して、Classroom を見つけてクリックします。

・プラスをクリックします。

・クラスに参加をクリックして
・クラスコードを入力します。
　　（クラスごとに伝えられている）

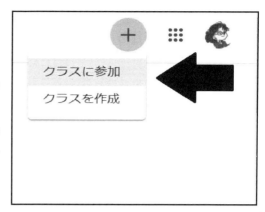

氏名がメンバーに登録されて講義の
Classroom を利用して資料のダウン
ロード、閲覧、課題提出が可能となり
ます。

いろいろな課題提出方法

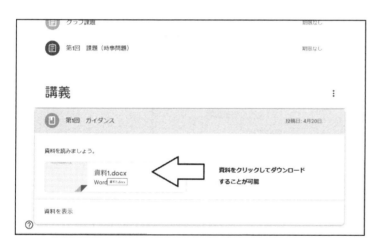

提示されている資料
をクリックしてダウ
ンロードすることが
できます。

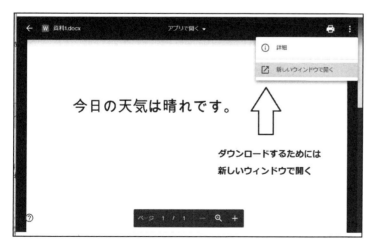

ダウンロードマーク
がメニューに出てい
ない場合は、「新しい
ウィンドウで開く」
をクリックします。

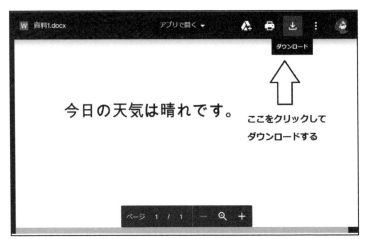

ダウンロードマークがでていればマークをクリックしてダウンロードします。

ダウンロードしたファイルに記入して課題提出追加で提出することが可能です。

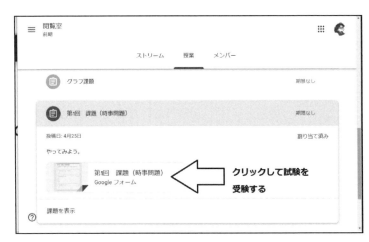

課題にフォームがついている場合は、クリックして試験を受験することになります。複数回受験可能な場合もありますが、1 回だけ受験の場合もあるので注意してください。

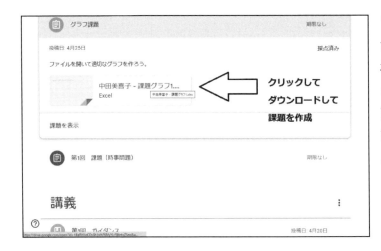

ファイルのコピーが配布されている場合、クリックしてダウンロードして課題を作成します。課題提出でファイルを選択して提出してください。

Google アプリケーションの場合はそのまま「アプリケーションで開く」でファイルを開いて作成すると保存されて提出されます。

課題が作成できたら、左の図のように「追加または作成」をクリックしてファイルで提出または、Googleアプリで作成します。この場合はすでに提出しているので「再提出」のボタンになっています。

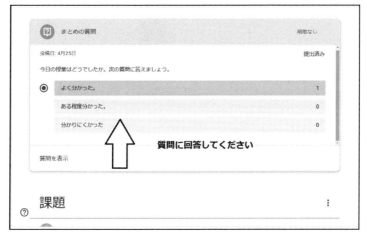

回答が選択できる場合は選択してください。設定によっては他の人の意見を見ることも可能です。

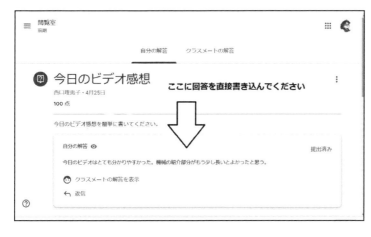

質問が提示されている場合は、「自分の回答」のところへ回答を記述してください。設定によっては他の人の意見を見ることも可能です。

課題表示をクリックするとこのように見えると思います。

追加をクリックして、ファイルを選択します。

　アップロードで「デバイスのファイルを選択」をクリックすると自分の
PC のファイル一覧が見えますから、ここから自分が提出したいファイル
を選択してください。

指定したファイルが入りますので、アップロードしてください。

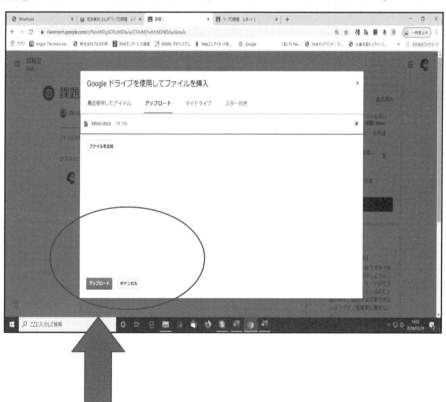

　Google Classroom にはいろいろな機能があります。また日々進化していくアプリケーションですので、いつも同じ使い方とは限りません。いろいろ試行錯誤してみて自分なりの方法を見つけてください。
以下のサイトからビデオによる解説を視聴することが可能です。

Classroom 登録方法
https://youtu.be/-VbNgotXIw0

Classroom 課題提出方法
https://youtu.be/xLd-XzDaGng

Classroom 課題提出方法 2
https://youtu.be/ZCjybtOGxuY

Classroom 課題提出方法 3
https://youtu.be/vOzzhrp7Hic

# 11．練習問題

## 11-1 日本語入力練習

### 練習1

アイディアをいかす　スケジュールをたてる　キャンパスでつどう
aidhia  wo  ikasu　sukeju-ru  wo  tateru　kyannpasu de tudou
おもいでのアルバム　なごやかなファミリー　かいてきなオフィス
omoide no arubamu　nagoyakana  famiri-　kaitekina ofisu
Ａ４サイズのようし　Ｎｏ．１２３　５Ｆのホール　￥１，０００
A4 saizu no youshi　No．　123　　5 F no ho-ru

### 練習2

☆どこで変換を指示するかで、変換効率がかなり違います。どんどん入力して早く慣れましょう。よく使われる外来語は（カタカナ）は辞書に登録されているので、通常の変換ができます。

遺跡が初めて一般に公開される。
賃貸契約は来年の４月に更改する。
後悔しないために、今一度努力する。
妹といっしょに、アメリカ映画を鑑賞する。
他国に干渉することは、避けた方がよい。
７時３０分から９時まで、交通規制がある。
連休には、ターミナル駅は帰省客で混雑する。
問題の核心にふれるのは、何ヶ月か先でしょう。
成功を確信するには、正確なデータが不可欠です。
必死になって練習すれば、目的は必ず達せられます。
今後の売り上げが５％増加すれば、成功は必至である。

### 練習3

☆いろいろな記号がでてきますが、能率的な方法を選択しながら入力してみましょう。
授業時間は９：００～（「から」で変換）１６：３０です。
『ひかり６号』（「かっこ」で変換）で東京へ行きます。
本日、午前１０時の気温は１８℃（「ど」または「どしー」で変換）です。

〒（「ゆうびん」で変換）739-0321（半角数字）広島市安芸区中野６－２０－１（全角数字）

天気図は○快晴◎曇●雨で標記します。（「まる」で変換）

バッキンガム宮殿はエリザベスⅡ（２で変換）世の住居です。

### 練習4

**練習問題２をコピーして変更・修正を行う。**

古代遺跡がこの春初めて、一般公開される。

賃貸契約は毎年４月に更改する。

後悔しないように、精一杯努力する。

妹と一緒に、フランス映画を鑑賞する。

他国に干渉するときには、慎重にしたほうがよい。

朝７時３０分から９時まで、土日曜以外は交通規制がある。

５月の連休には、特にターミナル駅は帰省客で混雑する。

その問題の核心にふれるのは、数ヶ月先でしょう。

成功を確信するためには、もっと正確なデータが必要です。

一生懸命に練習すれば、目的は必ず達せられるでしょう。

今期の売り上げが１０％増加すれば、成功は必至である。

### 練習5

**以下の文章を作成する。ワープロなどで文章を入力するときには、強制改行しないでどんどん入力していきます。段落が変わるときのみ、強制改行（Enterキー）を押して、次の行から入力をはじめます。**

　文章には２種類あるとぼくは思う。いや、２種類しかない、というほうがいいかもしれない。それは「私」のいる文章と、「私」のいない文章である。

　「私」のいる文章とは、かんたんにいえば、「私は…と思う」という形の文章であり、「私」のいない文章とは、「それは…である」といった文章だ。さらに言いかえて、前者を主観的文章、後者を客観的文章と名づけてもよい。

　といっても、これはあくまでもぼくなりの分類であって、このほかにも文章はさまざまに分類しうるだろう。けれど、なにか文章を書こうとするとき、前記の分類は一応頭に入れておいてしかるべき分類だと思う。

## 11-2 検定関連練習問題

練習6

ワープロ検定の練習問題です。
30分以内にどこまで
できるかやってみましょう。

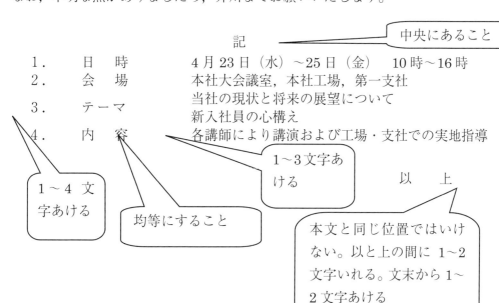

行末あるいは 1 文字分
余白があること

2020 年 4 月 2 日

1～2文字あ
ける

中央を越えないこと。末
尾，1～3 文字あけるこ
と。

厚生部　古川　あゆみ　様

件名は中央にあるこ
と。文字の大きさは問
わない。

総務部長　佐久間　勝一

新入社員セミナーの講師選出の件

1文字あける

　今年度の新入社員セミナーを下記のとおり実施することになりました。
つきましては。例年どおり各部署より，講師各 1 名を選出してください。準備
の都合もありますので，講師名は必ず 4 月 11 日までに，総務部の佐久間または
井川まで報告してください。
　なお，不明な点がありましたら，井川までお願いいたします。

記

中央にあること

1.　日　　時　　　4 月 23 日（水）～25 日（金）　10 時～16 時
2.　会　　場　　　本社大会議室，本社工場，第一支社
3.　テーマ　　　　当社の現状と将来の展望について
　　　　　　　　　新入社員の心構え
4.　内　　容　　　各講師により講演および工場・支社での実地指導

1～3文字あ
ける

以　　上

1～4 文
字あける

均等にすること

本文と同じ位置ではいけ
ない。以と上の間に 1～2
文字いれる。文末から 1～
2 文字あける

**練習7**

**文書デザインの検定試験問題です。30分以内にどこまでできるかやってみましょう。**

1．「出力例」を参照し、「処理条件」に従って文書を作成し、提出しなさい。

カッコ内太字も処理条件とし、配置の指示がない場合は左寄せとする。

2．標準フォント・フォントサイズは明朝・10.5ポイントとし、1行の文字数は40字とする。

3．画像データはダウンロードして使用する。

「処理条件」

1．下記の文字を入力しなさい。

---

システム設計・運用（ゴシック・28ポイント、波下線、中央揃え）

新入社員募集（ゴシック、48ポイント、囲み線、網掛け、中央揃え）

　IT化が急速に進む中、システム設計・運用の仕事は、世の中全体が不景気の中でも一定の需要があります。ただし、その仕事は決して楽なものではありません。でも、あなたの「発想力」と「努力」があれば乗り越えていけます。システムが完成したときの喜びは格別なものがあります。あなたもこの達成感を経験してみませんか。

（1行あける）

---

2．下記の表を作成しなさい。表全体は中央揃えとする。線種は問題のとおりとし、すべてゴシックとする。

1列目の項目はすべて中央揃えとする。

| 職種 | システム設計・運用（マネージャー） |
|---|---|
| 内容 | 社内ネットワークの基礎知識が必要です。「発注・納品システム開発」 |
| 資格 | 基本レベルをクリアしていること。バイタリティと発想力のある人。 |
| 給与 | 月収26万円以上（最低保証）＊能力により個人差があります。 |
| 勤務地 | 東京・神奈川・名古屋・大阪の各本支店 |

3．下記の文字を入力しなさい。

---

あなたのやる気を応援します。（28ポイント、太字、斜体）

---

4．画像"3-6.gif"を挿入し、右揃えにしなさい。

5．画像"3-6.gif"の左側に吹きだしを挿入し、下記の文字を入力しなさい。

すべて 12 ポイントとし、吹き出し内の改行位置は問題のとおりとする。

> 納品したプログラムがきちんと動いた
> 時はほっとします。そして、その後に
> 何ともいえない充実感が漂ってきます。

6．四角形を中央に挿入し、図形内に下記の文字を入力しなさい。すべて中央揃えとする。

> 電話 0120-24-8787（ゴシック、**28 ポイント**）
> オーエムシステム（㈱）（ゴシック、**36 ポイント**）

どこまでできましたか？画像などのファイルは Web ページからダウンロードすることができます。下が出来上がり見本です。

　画像ファイルは Web ページからダウンロードして使って下さい。

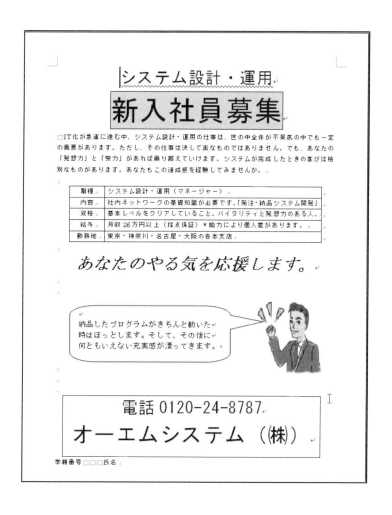

**練習問題 8**

**練習問題　表とグラフ**

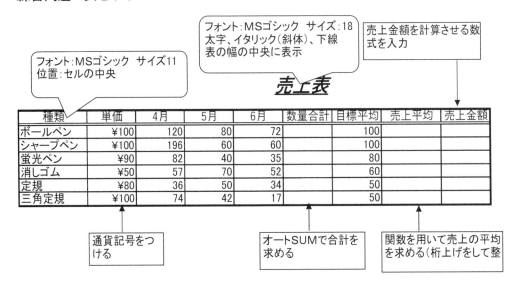

フォント:MSゴシック　サイズ11
位置:セルの中央

フォント:MSゴシック　サイズ:18
太字、イタリック(斜体)、下線
表の幅の中央に表示

売上金額を計算させる数
式を入力

## *売上表*

| 種類 | 単価 | 4月 | 5月 | 6月 | 数量合計 | 目標平均 | 売上平均 | 売上金額 |
|---|---|---|---|---|---|---|---|---|
| ボールペン | ¥100 | 120 | 80 | 72 | | 100 | | |
| シャープペン | ¥100 | 196 | 60 | 60 | | 100 | | |
| 蛍光ペン | ¥90 | 82 | 40 | 35 | | 80 | | |
| 消しゴム | ¥50 | 57 | 70 | 52 | | 60 | | |
| 定規 | ¥80 | 36 | 50 | 34 | | 50 | | |
| 三角定規 | ¥100 | 74 | 42 | 17 | | 50 | | |

通貨記号をつ
ける

オートSUMで合計を
求める

関数を用いて売上の平均
を求める(桁上げをして整

罫線:全体は格子、外枠は太線、
　　　見出しの行と下の行の間は二重線
　　　達成率と売上金額の間は太線

この部分には埋め込みグラフ
グラフの種類は任意であるが
意味のあるグラフでなければ
ならない。

グラフの下に、このグラフで
何がわかるかを明記する。

# 11-3 レポート作成練習問題

練習 9

**著作権について、以下の書式でレポートを作成せよ。**

書式：上余白 20mm、下余白 20mm、左右余白 20mm、用紙 A4 縦

1 行目：タイトルセンタリング、フォント MS ゴシック、サイズ 14

2 行目：所属、大学名　学部　学科　フォント MS 明朝、サイズ 11　右そろえ

3 行目：学籍番号、氏名　右寄せ　フォント MS 明朝、サイズ 11　右そろえ

4 行目以降：2 段組　文字数　1 行　24 文字　1 ページ　45 行　を指定

2 段組：挿入カーソルを 2 段組にしたい行の最初にもってくる。

〔書式〕　〔段組〕　ウィンドウ内　2 段組　クリック　設定対象　これ以降　を選択して　〔OK〕

参考にした書物やサイトについては参考文献として必ず記載すること。

書式みほん

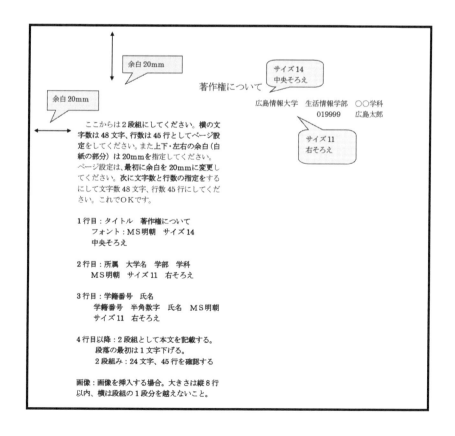

**練習問題 10（理科実験レポート）**

化学実験

有機単位操作　　分別蒸留

目的

　濃度の低いメタノール水溶液からメタノールを分別蒸留（分留）する事を目的とする。この操作を通じて分別蒸留の概念を習得する事も目的の一部である。

実験操作

　分別蒸留装置　図1に示すごとく、分別蒸留装置が組み立てられているかを確認する。図2に示すごとく、三脚とガスバーナを横にずらせて油液を下に取り除く。油液の中には水・エチレングリコール混合液を入れてある。次に図3に示すごとく、ナスフラスコ（25ml 容）を引き抜き、その中にメタノール（＝メチルアルコール）5ml と純水5ml を加える。つまり50%（V／V）のメタノール溶液10ml を加えたことになる。沸騰石を1個フラスコに入れてからゴム栓にしっかりさしこみ、最初に示す図1のごとくセットする。

　冷却水に連なる水道栓をゆっくりと開き、冷却水を循環する。急に水道栓を開けるとゴム管が破れることがあるので注意。水は少量流れていれば十分である。次にガスバーナに点火し、強火で加熱する。油液中のエチレングリコール液より湯気が立ってくると（60～70℃）、バーナーの火を少しゆるめてそのまま加熱を続ける。

　ナスフラスコ上部と分留管の中を観察する。分留管内の細管で、さかんにしずくが滴下しているのが観察できる。これは蒸発気化して上昇したメタノールと水が、分留管で冷却され液化し滴下して、再び下のナスフラスコで加熱蒸発され上昇することを繰り返しているためである。

　温度計の目盛と、メスシリンダーへの留出液量を相互に観察する。留出液がメスシリンダーへ出始めた時の温度を記録する。さらに表1に示すごとく、留出液が0.5ml、1ml、1.5ml…と出た時の温度を記録する。留出液量が4.5ml に達するまでは、80℃をこえないようにバーナーの火勢を調節する。4.5ml 留出したのちは、少し火を強め6ml に達するまで加熱を続けた後、ガスを止め、さらに水道栓を閉じて実験を終了する。

　留出液は温度が約65～70℃付近で出始め、約5ml までは連続して留出してくる。この間、温度計の目盛は70～80℃の値を示す。この温度では、水は完全に気化できないため、主としてメタノールが留出している。しかし温度がさらに上昇し、95～100℃に達すると、再び留出液が出始める。これは水が留出されている訳である。この様に沸点の違いを利用して混合液から純粋な液を取り出すことが出来る。これが分留蒸留の概念である。

**実験の意義**

　分別蒸留は物質の沸点（b. p., boiling point）の差異を利用して、混合液からある液体を分離する一方法である。

　蒸留水の調製やウィスキーの蒸留に用いられている普通蒸留は、分別蒸留とは異なり、完全に液―液分離は不可能であるが、簡便な方法として広く用いられている。

　分別蒸留の応用としては、原油からの各種石油製品の精製が代表的であろう。すなわち原油を約 300〜350℃に加熱して分留塔に導き、分留塔の中で温度差の差を生じさせて、LPG（プロパンガス、30℃以下）、軽質ナフサ（30〜100℃）、重質ナフサ（組成ガソリン、90〜200℃）、灯油（150〜280℃）、軽油（250〜350℃）および重質油を分離する。また重質油はさらに減圧蒸留を行うことにより、重質軽油（いわゆる重油）、潤滑油およびアスファルトピッチ等に分離精製される。もちろん工業的には大きな分留塔で連続的に原油が精製されるが基本的な事項は、ここで行った実験と同一である。

参考文献

1．佐々木健，鈴木洸次郎，藤野卓三：化学実験入門，P.104-106，学術図書出版社（1992）

　　<u>文章は参考文献の教科書の内容をすべて記載したものです。実験器具の図13-1，図 13-2、図 13-3 は以下に引用しております。この内容をよく読んで、化学の実験レポートを作成してみましょう。結果と考察は自分で考えて書くことが必要です。上記文章はテキストファイルとしてダウンロードできます。</u>

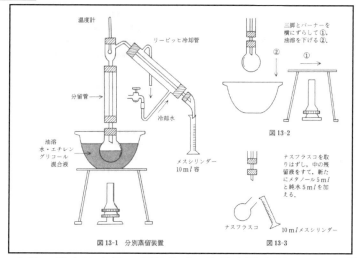

出展：佐々木健，鈴木洸次郎，藤野卓三：化学実験入門，P.104，学術図書出版社（1992）

タイトル　中央　フォントサイズ 14

所属　中央　フォントサイズ 11

学籍番号・氏名　中央　フォントサイズ 11

### はじめに　　サイズ 11 太字

ここからはじめる。

はじめに、目的、方法、結果、考察（まとめ）に加えて参考文献があれば必ず記載すること。文字サイズは 11 とする。

段落の最初は 1 段下げる。

余白は上下、20 ミリ、左右、20 ミリとする、行数は全体 45 行とし、2 段組についてのみ、1 行 24 文字、とする。このように、本文の部分は 2 段組にすること。

フォントはすべて MS 明朝とする。英文字・数字は半角文字で記述すること。

### 図と表

図・表は、はみ出ないように大きさを調整すること。

**表 1　表のタイトルをつける**

| 留出液量（メスシリンダー：ml） | 温度（℃） |
|---|---|
| 出始め | 65.0 |
| 0.5 | 67.0 |
| 1.0 | 67.5 |
| 1.5 | 69.0 |
| 2.0 | 69.5 |
| 2.5 | 68.5 |
| 3.0 | 69.0 |
| 3.5 | 70.5 |
| 4.0 | 71.5 |
| 4.5 | 81.0 |
| 5.0 | 92.0 |
| 5.5 | 94.5 |
| 6.0 | 94.5 |

測定データは表である。表のタイトルは表の上中央に配置すること。

グラフは図である。図のタイトルは、図の下中央に配置すること。どちらも番号をつけること。

グラフは、横軸：留出液量で、縦軸：温度とする。また、縦軸の目盛りは 0 度でなく 60 度からの目盛り表示とする。グラフは平滑化した折れ線グラフを用いること。

結果は、表や図の説明を必ず言葉で記載すること。表の何をどのように説明するか。また図のなにをどのように説明するのか、測定事実を事実として記載すること。

考察（まとめ）が必ず必要である。この実験でなにがわかったかを適切に記述すること。感想文にならないように気をつけること。

表の挿入方法・グラフの挿入方法については別途講義で行う。

参考文献

1．参考文献の書き方は例のようによくみて書くこと。化学の分野における参考文献の記載方法で、分野によって記載方法が違うため、今後レポートなどを作成するときには、書き方を確認してから記載すること。

## 練習11

練習10で作成したレジメをもとに、発表原稿を作成してみよう（以下　例）。

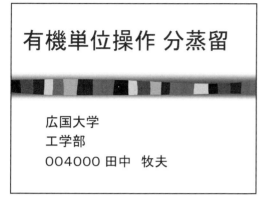

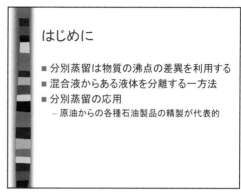

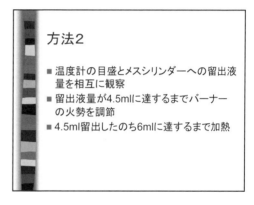

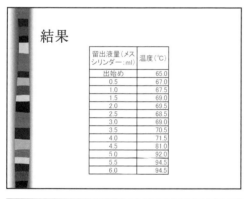

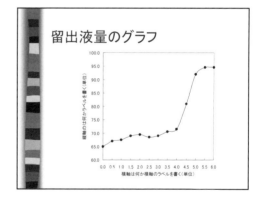

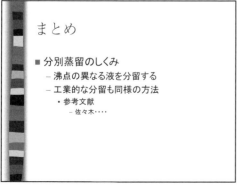

## 練習問題 12（調査レポート）

「博物館情報メディア論」における SNS 利用とグループ学習の学習効果について

はじめに

　近年、情報化社会の進化に伴い情報技術や情報スキル、情報リテラシを必要とする状況に置かれることが増加している。そのため、文部科学省では様々な科目の指導内容に情報技術や情報スキル、情報リテラシを含めた科目を設定している。学芸員養成課程に新設された必修科目「博物館情報・メディア論」では、「博物館における情報の意義と活用方法及び情報発信の課題等について理解し、博物館の情報の提供と活用等に関する基礎的能力を養う。」ことを目的として開講されている科目である（平成 23 年司書・学芸員の養成課程の設置等について）。学習内容は「博物館における情報・メディアの意義」「博物館情報・メディアの理論」「博物館における情報発信」「博物館と知的財産」と示されている。

　そこで、本研究では講義において SNS を利用して振り返りを行い、グループ学習を行う講義を実施した。SNS 利用で情報関連システムに慣れることおよび、実際にこれらを利用して体験することで、科目理解のサポートになることを期待して実施した。履修学生のほとんどが「コンピュータは苦手」と回答する学生であった。学習後効果があったか否か調査・検討を行ったので報告する。

手続き

対象：「博物館情報・メディア論」を受講している 37 名（女性 37 名、平均年齢 20 歳）

方法：講義を受講している学生を、大学専用 SNS（Open Pine により構築、2009 年度「大学教育・学生支援推進事業」（学生支援推進プログラム）「新しいコミュニケーションを利用した女子大生の就職支援」により設置）に登録を行った。SNS 内に、講義のコミュニティーを開設し毎講義後、担当教員が作成した講義日のスレッド（SNS などのトピック書き込み項目）に、講義の感想や質問を書き込むことを課した。

グループ学習の内容は、「自分で選択した美術館・博物館の Web ページ評価　を実施し、グループ内で結果を持ち寄り、その中から特に顕著な美術館・博物館の Web ページについてグループで検討を行い、その改善点を発表すること」が課題であった。実施は 2 回の講義で行った。

　最終日には試験と講義アンケートを行った。アンケート内容は、講義に関する項目として 9 項目を、SNS に関する項目では操作性、利用頻度、予習・復習に役立つかなど 7 項目、全 19 項目のアンケートを行った。

結果

　各講義の書き込み平均文字数は 72 文字であった。毎回半数の学生が平均以上の書き込みをしていることが示された。SNS の操作については「わかりやすい」とするのは 54% で、講義で SNS を利用することに関して全体の 43% の学生が肯定的な回答をしている。「SNS を利用どのようなメリットがありましたか」の回答

については「他の受講者の書き込みを見て、知識を深めることができた」は74%の学生が回答している。また、「書き込むことで講義の内容を整理することができた」は40%であった。

自由記入欄では「普段SNSを使用しないため、どのように使用すればよいかわからなかった。」、「学内SNSは少しわかりにくいデザインだったと思う。」などの意見があった。「SNSの書き込みをメール転送していましたか」という質問では、23%が「設定を知らなかった」と回答しており、SNSの機能をあまり理解していない学生がいることが示された。

最終試験の成績と書き込み文字数の相関は $r = 0.426**$（1%水準で有意）であった。グループ学習についてのアンケート結果「グループ学習は役に立った」は85.8%であった。さらに、「理解できた」は82.9%が、「参加できた」は97.1%が「やや思う」、「そう思う」と回答した。

まとめ

SNSを利用することで、他の受講者の意見・感想を見ることができ、自分と違う意見を見つけることができると感じている学生が多く、SNSは知識共有をする場として適しているのではないかと考えられる。また、書き込みを行うことで講義の内容を思い出すことができ、理解度が上がるなどの感想も報告された。積極的に利用して疑問点を解決するなどの利用方法が有効であると考える。SNSを積極的に活用することで受講者の理解度を高めることができ、結果的に講義に対するモチベーションを維持することができる方向での利用が可能な指導を行えば、有効な学習ツールとなると考えられる。

グループ学習については、あまり経験のない学習方法であり、興味があった様子で積極的な参加が認められた。今後グループ学習も有効に利用可能な課題の設定や時間設計が必要であると思われる。

参考文献

(1)学芸員要請の充実方策について 「これからの博物館の在り方に関する検討協力者会議」第2次報告書 平成21年2月 pp.1-24 (2009)
(2)笹井宏益:"第5章メディア・リテラシー教育の重要性"（特集 メディア・リテラシーの総合的研究--生涯学習の視点から）--（第1部 子どもとメディア）、国立教育政策研究所、国立教育政策研究所紀要、132巻、pp.61-71 (2003)

文章は参考にする研究論文の内容の一部を記載したものです。統計分析の説明は省略します。この内容を読んで調査レポートを作成してみましょう。結果及び考察に何を取りあげるか自分で考えて書くことが必要です。上記文章はテキストファイルとしてダウンロードできます。

タイトル　中央　フォントサイズ 12
所属　学生番号　氏名　フォントサイズデフォルト（10.5）
メールアドレス

**はじめに**

　ここからはじめる。はじめに（研究の背景や目的）、方法、結果、考察（まとめ）に加えて参考文献があれば必ず記載すること。文字サイズはデフォルト 10.5 とする。

　段落の最初は 1 文字下げる。余白は上下左右　20㎜とする。行数は全体 48 文字、45 行とする。2 段組みについては 1 行 24 文字 45 行とする。

　フォントはすべて MS 明朝とする。英文字・数字は半角で記述すること。

**図と表**

　何を図にするか表にするのかを判断して作成すること。練習のため必ず表、図を作成して挿入すること。横幅は 2 段組みの幅をはみ出ないこと。

　数字データの記述は表である。表のタイトルは表の上中央に配置すること。タイトルは適切な内容をつけること。**表 1 には表の見本を示した。** 表の挿入方法については、エクセルで作成後コピー・形式を選択して貼り付けを行う。また、図表は挿入後、文字列の折り返しを指定して、横幅が小さい場合は右のように四角を選択して文字を回り込ませる。

**表 1　表のタイトルは表の上中央**

| 質問項目 | ややそう思う・そう思う |
|---|---|
| グループ学習は役に立った | 85.80% |
| 理解できた | 82.90% |
| 参加できた | 97.10% |

に配置すること。図も表も番号をつけること。

　グラフは横軸に何を表示するのか単位がある場合は必ず書いておくこと。グラフの種類は適切に選択することが重要である。**文中に表に何を示すか書いた後に表を挿入すること。図も同様、何をグラフにしたのか書いた後に図を挿入すること。グラフの例を示した（図 1）。** 横軸はパーセンテージ、質問項目ごとの結果をパーセンテージで示した。

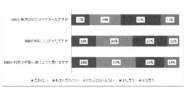

**図 1　図のタイトルは図の下中央または左詰め**

　結果は、表や図の説明を必ず文章で記述すること。説明は事実を説明すること。図の挿入方法についても表と同様、エクセルで作成後コピー・形式を選択して貼り付けを行う。図も挿入後、文字列の折り返しを指定して、大きい場合は上下を、横幅が小さい場合は四角を選択して文字を回り込ませる。

**まとめ**

　まとめは、はじめにの目的にそってなにがわかったのか書いていくこと。またこの研究の問題点や将来への展望があれば記載すること。

**参考文献**

1.　参考文献の書き方は例に従って書くこと。実際には、投稿する学会や分野によって書き方が異なる。実際に研究論文や卒論を書く際には、その分野における投稿規定に従って書くこと。

**練習 13**

練習 12 で作成したレジメをもとに、発表原稿を作成してみよう（1 例）。

日付など

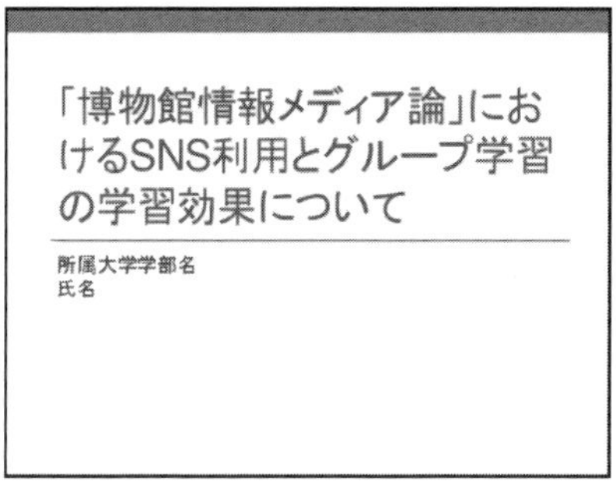


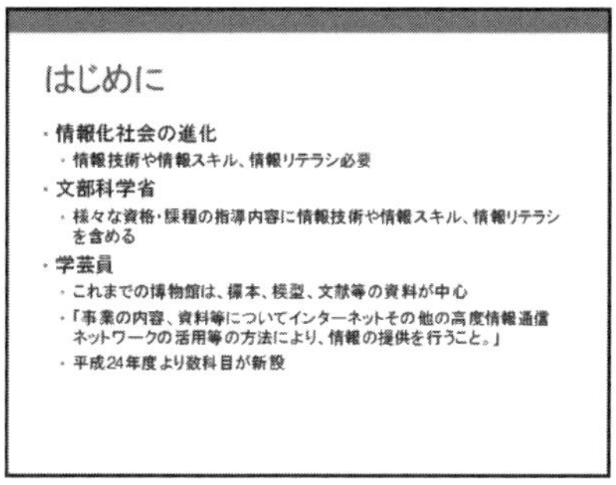


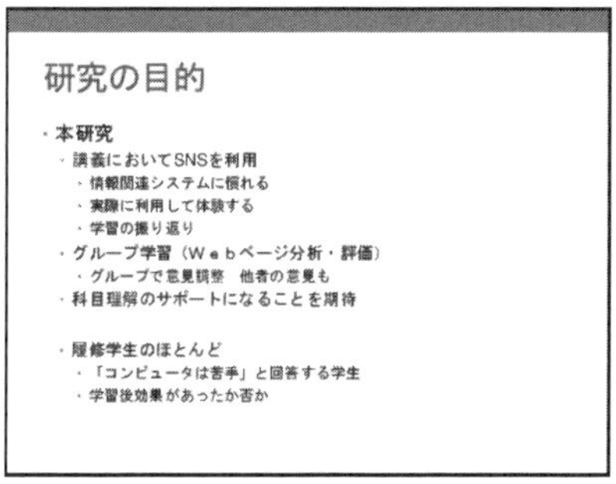


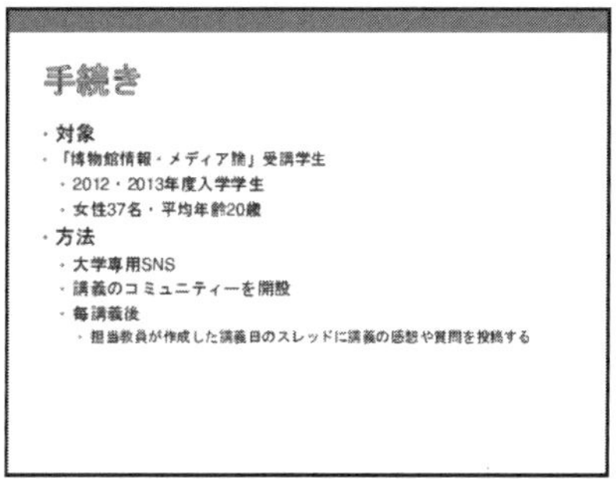


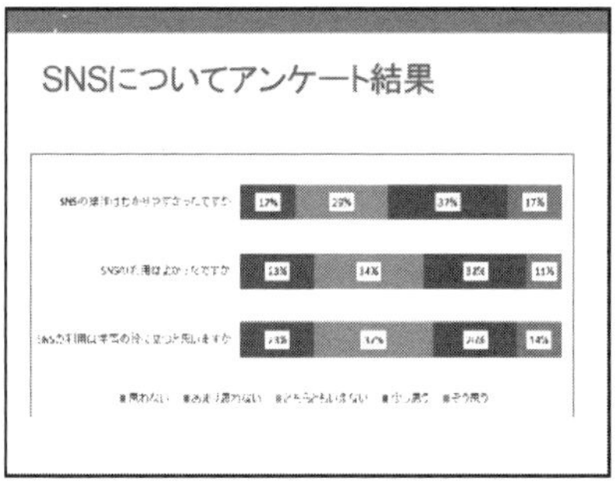


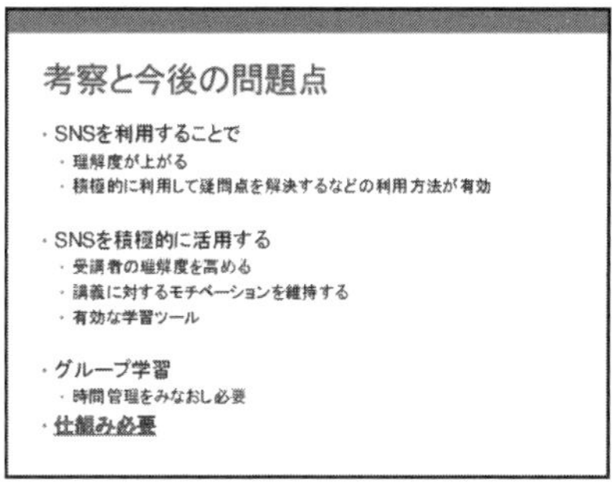


出席学会名など

## 練習 14　紙芝居作成

パワーポイントを利用して絵本を作成してみよう。

自分の好きな物語をアウトラインで書き込んで、絵を挿入して絵本を作ってみよう。

文字を書いた横に挿絵を描いていれてみましょう！

自分だけの絵本が簡単にできます。スライドショーでみてみると、紙芝居のようになります。みんなで出来上がった作品を評価しあってみてください。

## 11-4 ローマ字入力変換表

| | | | | | | | | | |
|---|---|---|---|---|---|---|---|---|---|
| あ<br>A | い<br>I | う<br>U | え<br>E | お<br>O | きゃ<br>KYA | きぃ<br>KYI | きゅ<br>KYU | きぇ<br>KYE | きょ<br>KYO |
| か<br>KA | き<br>KI | く<br>KU | け<br>KE | こ<br>KO | ちゃ<br>CHA | てぃ<br>THI | ちゅ<br>CHU | てぇ<br>THE | ちょ<br>CHO |
| さ<br>SA | し<br>SI | す<br>SU | せ<br>SE | そ<br>SO | にゃ<br>NYA | にぃ<br>NYI | にゅ<br>NYU | にぇ<br>NYE | にょ<br>NYO |
| た<br>TA | ち<br>TI | つ<br>TU(TSU) | て<br>TE | と<br>TO | ひゃ<br>HYA | ひぃ<br>HYI | ひゅ<br>HYU | ひぇ<br>HYE | ひょ<br>HYO |
| な<br>NA | に<br>NI | ぬ<br>NU | ね<br>NE | の<br>NO | みゃ<br>MYA | みぃ<br>MYI | みゅ<br>MYU | みぇ<br>MYE | みょ<br>MYO |
| は<br>HA | ひ<br>HI | ふ<br>FU | へ<br>HE | ほ<br>HO | りゃ<br>RYA | りぃ<br>RYI | りゅ<br>RYU | りぇ<br>RYE | りょ<br>RYO |
| ま<br>MA | み<br>MI | む<br>MU | め<br>ME | も<br>MO | ぎゃ<br>GYA | ぎぃ<br>GYI | ぎゅ<br>GYU | ぎぇ<br>GYE | ぎょ<br>GYO |
| や<br>YA | | ゆ<br>YU | | よ<br>YO | ぢゃ<br>DYA | ぢぃ<br>DYI | ぢゅ<br>DYU | ぢぇ<br>DYE | ぢょ<br>DYO |
| ら<br>RA | り<br>RI | る<br>RU | れ<br>RE | ろ<br>RO | びゃ<br>BYA | びぃ<br>BYI | びゅ<br>BYU | びぇ<br>BYE | びょ<br>BYO |
| わ<br>WA | | を<br>WO | | ※1 ん<br>NN | でゃ<br>DHA | でぃ<br>DHI | でゅ<br>DHU | でぇ<br>DHE | でょ<br>DHO |
| が<br>GA | ぎ<br>GI | ぐ<br>GU | げ<br>GE | ご<br>GO | ぴゃ<br>PYA | ぴぃ<br>PYI | ぴゅ<br>PYU | ぴぇ<br>PYE | ぴょ<br>PYO |
| ざ<br>ZA | じ<br>ZI | ず<br>ZU | ぜ<br>ZE | ぞ<br>ZO | ・ | ・ | | | |
| だ<br>DA | ぢ<br>DI | づ<br>DU | で<br>DE | ど<br>DO | うぃ<br>WI | うぇ<br>WE | ヴ<br>VU | ・ | ・ |
| ば<br>BA | び<br>BI | ぶ<br>BU | べ<br>BE | ぼ<br>BO | ぁ<br>LA | ぃ<br>LI | ぅ<br>LU | ぇ<br>LE | ぉ<br>LO |
| ぱ<br>PA | ぴ<br>PI | ぷ<br>PU | ぺ<br>PE | ぽ<br>PO | ※2 っ<br>LTU | や<br>XYA | ゅ<br>XYU | ょ<br>XYO | |

っ、ゅ、ょ　最初にX→XTU，XYU

※1.「ん」の次に、「あ行」「な行」「や行」以外の文字が続く場合は、「N」を一回押すだけでも入力できます。
例）さんぽ⇒SANPO

※2.子音（AIUEO以外）を2回続けて押しても入力できます。
例）きって⇒KITTE

| ファンクションキーの使い方 | | | | | |
|---|---|---|---|---|---|
| F6 | F8 | F9 | F9の後<br>F8を押すと | F10を数回押すと<br>「JISコード」 | F9押すごとに |
| ひらがな | 半角カナ | 英字 | 半角英字 | 記　号 | enter、ENTER、Enterに変換 |

その他

※「　は、かな入力ならSHIFTキーを押しながらでないと出てきませんが、そのまま押してください。

※！や（等は、SHIFTキーを押したまま1や8を押します。
「、」「。」は「,」「.」です。「・」は「／」。

※半角の「~」（チルダ）は「0」の上ではなく「へ」の上です。
　インターネットや表計算で使うことが有ります。

5、「きゃ」の「ゃ」については「LYA」と入力します。
この「L」を先頭にすることで小文字に変換できます。

参考
ローマ字変換表　株式会社ソフテック

# 12. 参考文献

太田民夫　パソコン即効講座　日経 BP 社　1998

田中亘他　できる Windows98　株式会社インプレス　1998

田中亘他　できる Word2000　株式会社インプレス　1999

小舘由典他　できる Excel2000　株式会社インプレス　1999

田中亘他　できる Powerpoint2000　株式会社インプレス　1998

鶴見直志・鶴見浩司・宮詰正幸　30 時間でマスター　ワード＆エクセル
　　97　実教出版　1998

マイクロソフト株式会社　WORD セミナーテキスト初級編　1994

マイクロソフト株式会社　WORD セミナーテキスト応用編　1994

マイクロソフト株式会社　EXCEL セミナーテキスト初級編　1994

マイクロソフト株式会社　EXCEL セミナーテキスト応用編　1994

マイクロソフト公式 MCAS 攻略問題集 Word2007　2007

マイクロソフト公式 MCAS 攻略問題集 Excel2007　2007

日本情報処理検定協会　日本語ワープロ検定試験模擬問題集　平成 15
　　年 3 月

日本情報処理検定協会　表計算検定試験模擬問題集　平成 15 年 3 月

日本情報処理検定協会　文書デザイン検定試験模擬問題集　平成 15 年 3
　　月

佐々木健, 鈴木洸次郎, 藤野卓三：化学実験入門, p104-106, 学術図書出
　　版, 1992

内田治　「すぐわかる SPSS によるアンケートの調査・集計・解析」, 東
　　京図書株式会社, p118-119, 1997

白石 義郎（編集）　「メディアと情報が変える現代社会—メディアと情報化の過
　　去、現在、未来」　九州大学出版会　2002

エクスメディア　「超図解 Web2.0 グーグル活用の極意」　2006

学習技術研究会　「知へのステップ 改訂版」　くろしお出版　2006

「インターネットにおけるルール＆マナー公式テキスト」　財団法人イ
　　ンターネット協会, 2005, p13-48

中田 美喜子, 永田 純一, 記谷 康之　「情報基礎」　学術図書出版社;
　　2004

中田 美喜子, 記谷 康之「情報の基礎」　学術図書出版社; 2008

インターネットにおけるルール＆マナー公式テキスト　財団法人インターネット協会, 2005, P13-48

中田 美喜子　アクティブラーニングの学習効果　ー科目別学習効果の検討ー, 広島女学院大学論集 64, 1-10, 2017

謝辞

　ローマ字変換の入力変換表の記載を承諾していただきました株式会社ソフテック様および、内容についてご助言をいただきました広島大学岩田則和先生に記して感謝いたします。

# 著 者 紹 介

## 中 田 美 喜 子

現在 広島女学院大学国際教養学部教授
1986年広島修道大学大学院人文科学研究科博士後期
課程単位取得退学. 同年広島工業大学非常勤講師.
1991年より広島電機大学（現在広島国際学院大学）
専任講師, 1999年同助教授, 2006年9月より広島女学
院大学現在に至る. 日米の情報教育に関する比較研究,
インターネットの利用（遠隔教育, Webの教育利用）,
高齢者の安否確認システムに関する研究に従事.

## 記 谷 康 之

1999年広島修道大学大学院人文科学研究科博士後期
課程単位取得退学. 同年広島国際学院大学非常勤講師.
2001年より広島中央女子短期大学専任講師, 2003年
同助教授, 2011年より広島修道大学経済科学部講師,
2018年より福山大学大学教育センター・IR室と現在
に至る. 教育評価に関する研究, 情報基礎教育に従事.

じょうほう　き そ
**情 報 の 基 礎　第 5 版**

| | | | | |
|---|---|---|---|---|
| 2008 年 4 月 30 日 | 第 1 版 | 第 1 刷 | 発行 |
| 2010 年 3 月 30 日 | 第 1 版 | 第 2 刷 | 発行 |
| 2012 年 4 月 20 日 | 第 2 版 | 第 1 刷 | 発行 |
| 2015 年 3 月 30 日 | 第 3 版 | 第 1 刷 | 発行 |
| 2018 年 4 月 10 日 | 第 3 版 | 第 2 刷 | 発行 |
| 2019 年 4 月 20 日 | 第 4 版 | 第 1 刷 | 発行 |
| 2021 年 3 月 10 日 | 第 5 版 | 第 1 刷 | 印刷 |
| 2021 年 3 月 20 日 | 第 5 版 | 第 1 刷 | 発行 |

著　　者　なかたみきこ　きたにやすゆき
　　　　　中田美喜子　記谷康之

発 行 者　発 田 和 子

発 行 所　株式会社　学 術 図 書 出 版 社

〒113−0033　東京都文京区本郷5丁目4−6
TEL 03−3811−0889　振替 00110−4−28454
印刷　三和印刷（株）

定価は表紙に表示してあります.